Après la crise

Alain Touraine

Après la crise

Éditions du Seuil

ISBN 978-2-7578-3320-9
(ISBN 978-2-02-103101-0, 1re publication)

Pour Simonetta, à qui ce livre
a volé une partie de notre temps partagé.

Présentation

> « Il est certain que des choses vont changer à cause de la crise. Le retour au monde d'avant-crise est exclu. Mais ces changements seront-ils profonds, radicaux ? Iront-ils même dans la bonne direction ? Nous avons perdu le sentiment d'urgence, et ce qui s'est passé jusqu'à présent augure mal de l'avenir. »
>
> Joseph Stiglitz, *Freefall*, 2010, p. 454.

Une crise économique est d'abord affaire d'économistes. Ses causes, son déroulement, ses conséquences et les efforts faits pour en sortir ou pour empêcher le pire sont autant de thèmes que les économistes ont souvent analysés, à défaut de toujours les prévoir. Sur la crise financière de 2007-2009 et ses antécédents, les économistes de langue française comme les autres ont publié nombre de livres destinés à un public de professionnels, et d'autres qui s'adressent à un public plus large. Certains d'entre eux ont trouvé un large écho dans l'opinion.

Il serait pour autant absurde de prétendre qu'il revient aux sociologues d'étudier les facteurs non économiques de la situation économique. Non seulement un tel souci a toujours été présent dans la pensée économique, aussi bien dans l'école « institutionnaliste » du début du XXe siècle et dans l'actuelle école de la régulation que chez Joseph Schumpeter – et même déjà chez Adam Smith. Plus encore, un groupe important d'économistes de haut niveau, dont plusieurs prix Nobel, Amartya Sen le premier, puis Joseph Stiglitz et Paul Krugman, ont critiqué la vision étroite, inspirée par un quantitativisme superficiel, d'une pensée statistique et économique qui ramenait la situation de tel individu ou de telle catégorie sociale à son revenu en dollars. Ces critiques sont aujourd'hui le bien commun des sociologues et des économistes. Cessons donc d'adresser aux économistes des reproches non fondés.

Mais alors, que reste-t-il à dire au sociologue ? Procédons par ordre.

Lorsqu'une crise (et c'est le cas de celle que nous vivons) sépare l'économie du reste de la société et que celle-ci s'enferme dans ses problèmes internes, que devient la vie sociale ?

Elle n'est pas seulement mise en marge, elle est transformée par la crise, au point même de susciter des peurs et des révoltes contre les institutions. Ces réactions émotionnelles ont, à plusieurs reprises, nourri le succès d'un mouvement autoritaire populiste ou nationaliste. Nous pensons ici à l'accession d'Hitler au pouvoir en 1933, après que son mouvement a été amplifié par la crise de 1929.

Parallèlement, la crise accélère la tendance à long terme vers la séparation du système économique, y compris dans sa dimension militaire, et des acteurs sociaux qui, atteints par la crise sociale, se transforment alors en chômeurs, exclus ou épargnants ruinés, tous incapables de réagir politiquement, ce qui explique le silence actuel des victimes de la crise, ou en acteurs de moins en moins sociaux et définis plutôt en termes universels, moraux ou culturels.

Conscient de ces enjeux, le sociologue s'interroge sur la manière de surmonter la crise. Sans rejeter les solutions techniques proposées par les économistes et les politiques, il introduit une idée nouvelle. Le plus important, dit-il, est de reconstruire la vie sociale, de mettre fin à la domination de l'économie sur la société, ce qui exige le recours à un principe de plus en plus général et même universel, qu'on peut nommer à nouveau les Droits de l'homme (mieux nommés humains), qui doit engendrer des formes nouvelles d'organisation, d'éducation, de gouvernance, pour être capable d'entraîner une redistribution du produit national en faveur du travail, depuis longtemps sacrifié au capital, et d'exiger un respect plus réel de la dignité de tous les êtres humains.

Ces hypothèses offrent plusieurs possibilités de changement social, mais elles excluent tout retour en arrière, à la période d'avant la crise, car s'enfermer dans une telle illusion reviendrait à préparer une nouvelle crise.

Le mode d'analyse du sociologue est différent de celui des économistes, dans la mesure où le premier, comme l'historien, cherche à comprendre les acteurs, leurs choix et leurs représentations. Son objet d'étude est donc largement formé de jugements de valeur, quand bien même ceux-ci doivent être analysés objectivement, en se défiant de tout préjugé idéologique.

Le sociologue cherche à découvrir des transformations sociales et culturelles générales qui peuvent s'observer dans tous les domaines, à travers les débats politiques en premier lieu, mais aussi dans les écrits et les images qui sont apparemment étrangers aux problèmes économiques immédiats. Le roman et le théâtre, le cinéma et les vidéos, les arts plastiques, la musique et la chanson donnent ainsi des indications souvent très éclairantes à ceux qui s'interrogent sur des changements de portée générale.

Encore faut-il, assurément, que le sociologue apprenne de l'économiste la nature et le sens des événements. Mais il doit avant tout relier l'analyse de la crise à une perspective des transformations à long terme de la vie sociale. L'*idée première* défendue ici sera qu'après la société industrielle, et même postindustrielle, se forme ce que je nomme une *situation post-sociale* (pour éviter l'expression de société post-sociale, trop obscure). Bien que cette mutation et une crise économique n'aient pas la même temporalité et n'aient pas le même type de conséquences, elles doivent être mises en relation l'une avec l'autre. Ce n'est assurément pas la crise qui engendre un nouveau type de société, mais elle contribue à détruire l'ancien type ; elle peut aussi empêcher la formation d'un nouveau type de société ou favoriser l'intervention d'acteurs autoritaires pendant une période de difficile transition.

De tels bouleversements, à la fois dans le court et le long terme, peuvent même entraîner la disparition réelle des acteurs. C'est l'impression que l'on retire de l'examen de la situation des syndicats et des partis de « gauche » en Europe, si manifestement frappés d'impuissance que les électeurs ne savent plus ce qui distingue la gauche de la droite.

Il s'est ainsi installé un silence social imprévu mais qui peut tout aussi bien annoncer la formation d'un mouvement violent porté par tous ceux qui ont souffert de la crise. Tel est le premier type d'avenir sur lequel cette crise peut déboucher.

Mais de nouveaux acteurs, qui ne peuvent plus être sociaux, et qui sont plutôt moraux, peuvent aussi apparaître. Ils opposent les droits de tous les hommes à l'action de ceux qui ne pensent qu'à accroître leurs profits. Les conflits entre acteurs sociaux, par exemple entre acteurs de « classes », sont remplacés par la contradiction entre le système économique, surtout quand il se réduit à la recherche du plus grand profit possible, et des acteurs qui en appellent aux droits humains et au respect des personnes. Ce second avenir est aussi souhaitable que le premier est inquiétant.

Depuis le début de 2010, la « méga-crise » semble avoir été peu à peu surmontée et s'être transformée, comme le dit Paul Krugman, en dépression ordinaire. Mais l'Europe est déjà touchée par une grave crise monétaire qui entraîne une crise de croissance. Le sociologue doit-il, dès lors, se retirer et laisser le terrain aux économistes, dans la mesure où ces derniers savent élaborer et évaluer les politiques économiques ? Cette modestie serait excessive, car plus la situation économique emprunte des chemins connus, et mieux se distinguent les problèmes qui relèvent d'un autre ordre que la prévision économique. En voici deux :

– Comment la crise affecte-t-elle l'évolution à long terme des rapports entre l'économie et la vie sociale ?

– Nos sociétés sont-elles menacées de subir une cascade de crises ou sont-elles capables de découvrir et de construire un nouveau type de vie sociale, celui que je nomme ici la *situation post-sociale* et qui est caractérisé par la séparation du système et des acteurs ?

L'un ou l'autre de ces deux avenirs sera en tout cas le nôtre.

Première partie

Les crises en situation

I

Au-delà de la société industrielle

Crise économique et changement de société

Dans la « méga-crise », qui se manifeste aux États-Unis à partir de 2007 et de 2008, ce qui nous inquiète le plus est son caractère global, qui explique la destruction de toutes les institutions qui transformaient auparavant les situations économiques en éléments d'une vie sociale contrôlée par l'État. D'autres observateurs, les plus nombreux, pensent qu'il s'agit d'une crise majeure du capitalisme, non pas la première mais la plus grave depuis celle de 1929, dont nul n'a oublié les effets sociaux destructeurs. D'autres évoquent, sur un ton apocalyptique, la fin terrifiante du capitalisme, certains parlant même de la fin de l'économie de marché. Mais plus le temps passe, et plus l'analyse sereine doit se substituer aux réactions les plus spontanées et les plus catastrophistes.

Ce n'est pas la fin du monde. Le souci dominant devient l'évaluation des politiques d'intervention des États, et en particulier de l'État américain. Longtemps on s'est plu à dire que le gouvernement de Washington se voyait dicter sa conduite par New York, que l'économie des grandes entreprises fixait la marche de la politique de ce pays qui domine l'économie mondiale. Aujourd'hui, la vigueur des réactions du président des États-Unis et de quelques grands pays européens rassure, même si elle ne garantit rien pour l'avenir. Il est si facile de passer d'un pessimisme total à la confiance aveugle, quand bien même les États concernés n'ont jamais cessé d'être considérés comme tout-puissants, surtout depuis que la politique elle-même s'est mondialisée. Un optimisme sans fondement surgit même ici ou là. On annonce ainsi la fin de la chute ou même le début du redressement pour 2010, même si la plupart des observateurs pensent que le redressement de l'emploi ne viendra que beaucoup plus tard. D'autres analystes sont plus pessimistes et s'inquiètent de voir l'état de crise devenir permanent et entraîner les vieux pays industriels dans une chute sans fin. Mais toutes ces prévisions contribuent à enfermer l'opinion dans une vision conjoncturelle. Bien entendu, ce constat ne signifie nullement que les économistes ont tort de donner la priorité à l'étude du déroulement de la crise, car ce que l'opinion attend est le succès des interventions politiques, le redressement de l'emploi et l'endiguement d'une insécurité qui a d'abord semblé insurmontable. On comprend facilement que l'opinion publique demande, plus encore que des explications, des prévisions, et même des prophéties. Comme si les analyses plus approfondies n'avaient pas le droit de se faire entendre tant que les États, les banques et les entreprises n'auront pas démontré jusqu'à quel point ils peuvent maîtriser une situation qui, en 2008, paraissait incontrôlable.

Ces observations expliquent l'absence d'intérêt que suscitent les analyses les plus générales, qui semblent n'apporter que des raisons nouvelles de sombrer dans le pessimisme. N'est-il pas plus important de savoir si nous allons mourir ou non que de parvenir à nommer la catastrophe qui provoque l'écroulement du système économique ! Depuis les années 1970, le système appelé néolibéral semble d'ailleurs s'identifier à la société contemporaine considérée sous tous ses aspects. C'est ainsi que la catastrophe est ressentie le plus vivement non pas dans les pays les plus pauvres et les plus fragiles, mais au contraire dans les grands centres de l'économie mondiale que sont New York et Londres. Pourquoi donc aller chercher plus loin ?

Il nous faut pourtant bien définir ce que nous observons chaque jour si nous voulons renforcer nos chances d'intervenir de manière utile sur une économie mondiale qui nous apparaît comme menaçante.

Alors que chaque jour les statistiques, surtout américaines, sur l'état du marché intérieur et de l'emploi nous laissent dans l'incertitude ou dans la succession rapide de pronostics divers, est-il possible de s'interroger sur la nature des transformations en cours ? On le peut, mais en contribuant à un débat qui s'amorce difficilement, plutôt qu'en apportant des solutions toutes faites. Une des hypothèses possibles est que les crises financière et monétaire ne sont pas par elles-mêmes insurmontables, puisque d'autres ont déjà été surmontées, à condition que les États croient à la nécessité de leur propre intervention. Mais une autre hypothèse est qu'il ne s'agit pas seulement d'une crise, donc d'un événement conjoncturel, mais de changements qui vont au-delà des faits économiques visibles. Des événements aussi graves ne sauraient mettre en cause seulement la gestion de l'économie ; ils atteignent toute l'organisation de notre société.

Bref, nous avons un besoin urgent d'analyses générales, même si nous ne pouvons pas avancer des propositions aussi solidement élaborées que l'ont été, après plusieurs générations d'économistes, les analyses des sociétés industrielles. Mais seules de telles entreprises peuvent permettre l'élaboration de politiques capables de résoudre les problèmes présents.

Ce qui justifie ce type d'entreprise intellectuelle à haut risque est que les analyses les plus proches de la conjoncture actuelle, celles que nous lisons dans la presse et sur Internet et écoutons chaque jour à la radio ou à la télévision, ne nous proposent pas de résultats assez solides pour nous orienter.

Le triomphe de l'économie libérale mondiale a été si complet et si solide depuis les années 1970 que pour beaucoup il s'agit seulement de reconstruire l'économie, considérée sous tous ses aspects et tous ses déterminants. Mais aujourd'hui, après deux années de crise générale et d'interventions étatiques sur l'économie, nous savons qu'il est impossible de parler d'un système économique en termes seulement économiques, puisque l'intervention de l'État, qui a déjà joué un rôle central, a montré que le système économique ne domine pas l'ensemble de la société. Nous avons donc non seulement le droit mais aussi l'obligation de placer notre analyse au même niveau que la situation économique, qui est devenue plus politique qu'exclusivement financière. Et puisqu'il est d'abord question de la situation économique des États-Unis, comment ne pas admettre l'idée que la politique de ce pays en ce domaine dépend avant tout aujourd'hui du président Barack Obama ? Inversement, comment pourrions-nous entreprendre une analyse sans reconnaître le fait qu'il n'existe pas, à l'heure actuelle en Europe, de pensée ou de parti politique qui nous proposent une vision convaincante ? Peut-on parler en Europe d'une politique européenne, alors que l'Union européenne s'est réduite elle-même au rôle d'un acteur mineur et que, dans les principaux pays européens, la confusion politique est à son comble ? Les messages de type idéologique sont aujourd'hui affaiblis au point souvent de disparaître, ce qui doit nous inciter à voir dans cet épuisement des interprétations de la société actuelle une des principales causes de la crise. Face à ces deux observations, à la fois complémentaires et opposées, la dépendance de la gestion économique par rapport à l'État et la faiblesse – sinon des États, du moins des systèmes politiques –, il semble raisonnable de tenter de comprendre les interactions entre économie politique, analyse sociologique et même histoire des idées.

Car ce n'est qu'au niveau le plus global, celui des relations entre les acteurs de tous types et leurs capacités d'expression, que nous pourrons comprendre les fondements de ce qui n'est pas seulement une succession de crises économiques, puisque ces crises économiques ont éclaté dans des situations qu'il convient de définir en termes politiques et sociologiques autant qu'économiques.

Le modèle européen de modernisation

Ces remarques nous invitent à commencer par la définition des grandes notions auxquelles recourt l'analyse des sociétés qu'on peut dire « modernisées » ou « industrialisées ».

Ce qui a imposé une forme particulière à notre histoire et à nos problèmes économiques, sociaux et politiques, est le fait que, à la différence d'autres régions du monde, l'Occident européen, puis nord-américain, a refusé de se donner pour objectif principal le maintien de l'ordre établi, la résistance aux facteurs de désagrégation et le renforcement de tous les systèmes de contrôle et d'imposition d'un mode de pensée lui-même global et soutenu par un pouvoir central. Le monde arabe comme le monde chinois étaient, au milieu de ce que nous appelons le Moyen Âge, mieux organisés, plus puissants, et même plus efficaces et plus capables d'actions créatrices qu'un monde européen divisé, affaibli par la décomposition de l'Empire romain et par la faiblesse du pouvoir réel dans des sociétés reposant sur la faiblesse des communications et le pouvoir étendu des seigneurs, qui étaient aussi des vassaux dans le système féodal. Mais le monde européen a rompu avec la recherche de la stabilité et de l'intégration pour se jeter dans une direction opposée, en travaillant à la concentration de toutes les ressources économiques, politiques, militaires et scientifiques entre les mains d'une élite créée et légitimée par sa forte domination sur la population dans tous les domaines. Cette puissance de l'élite et la dépendance extrême des travailleurs d'exécution ont créé une situation analogue à celle qui permet la plus grande production d'énergie : une différence de potentiel aussi forte que possible entre un « pôle chaud » et un « pôle froid », pour reprendre les termes de Claude Lévi-Strauss.

Ce type de société doit être défini à la fois par une exceptionnelle capacité de concentration des ressources, et par la création de tensions et de conflits toujours aux limites de l'insupportable. C'est bien la *polarisation* de la société qui a permis la concentration des ressources, qui elle-même n'a pu s'opérer qu'à travers des méthodes de domination et d'exploitation sociale qui se sont maintenues pendant plusieurs siècles. C'est seulement depuis peu que les dominés ont rejeté la domination qu'ils subissaient : nations renversant les monarchies absolues, salariés luttant pour obtenir des droits, colonisés se libérant du joug colonial, femmes contestant la domination masculine. Toutes ces luttes ont limité le pouvoir des puissants au risque, toutefois, d'affaiblir la capacité d'investissement, comme si s'approchait la fin d'un mode de modernisation qui avait valu aux grands pays occidentaux la domination du monde.

Le plus important ici est de reconnaître que ce type de société, ou plutôt de changement historique, se définit à la fois par des conflits internes et par des actions tournées vers l'extérieur, le plus souvent des conquêtes. La société que nous avons créée a ainsi été dominée par l'opposition des « maîtres » et des « esclaves », ce qui a entraîné, au-delà de conflits violents le plus souvent liés à des mouvements sociaux, des tentatives pour maintenir la paix entre les adversaires, sans ôter à l'économie son dynamisme. Plusieurs écoles de pensée ont tenté de dépasser l'opposition des adversaires, au nom de l'équité, de la justice, de l'équilibre. Mais l'importance de ces tentatives tient plus au fait qu'elles ont révélé la place centrale occupée depuis longtemps par les conflits plutôt que de permettre un réel dépassement du conflit central. Néanmoins, nous sommes habitués (avec raison) à définir la société ouest-européenne de la seconde partie du XXe siècle comme un État de bien-être (*Welfare State*) engendré par une politique sociale-démocrate ou nationaliste et par la recherche d'une nouvelle intégration. Le conflit n'a pourtant jamais disparu de nos sociétés. De ce point de vue, il n'y a pas d'opposition complète entre une société intégrée et une société polarisée car, dans les deux cas, il faut tenir compte de ce qu'il y a de contradictoire entre une politique centrée sur l'accumulation, l'investissement et la conquête, et celle qui renforce les revendications des dominés qui ont cherché de plus en plus souvent à s'appuyer sur une certaine conception des droits et des besoins de tous. Ce type de société ne peut fonctionner « normalement » que si les deux camps en présence sont nettement formés, et si l'état de leurs relations est assez clairement reconnu pour que les politiques puissent chercher des modalités de coexistence (ou même d'accord) entre eux.

Ce qui signifie que l'analyse traite de plusieurs éléments de base. Le premier est le moins socialement défini : il s'agit d'un certain état de la technologie, des échanges et des ressources. C'est ainsi que nous parlons tous de société industrielle ou de société de communication, et, pour désigner une période plus ancienne, de capitalisme commercial.

À partir de ce point, la description doit être commandée par la recherche d'un principe général d'analyse des acteurs et de leurs conflits, en imposant à la complexité des phénomènes historiques l'unité d'un principe général d'analyse. S'il n'existe ni cadre historique admis, ni constitution d'acteurs économiques et sociaux organisés et visibles, et enfin, s'il n'y a pas de capacité d'intervention d'une autorité centrale, le plus souvent politique, qui s'efforce de résister à la domination des plus riches et de maintenir une certaine compatibilité entre des intérêts opposés, on ne peut plus parler d'un type de société.

Ce qui nous conduit directement à l'interrogation la plus centrale : existe-t-il une définition claire des enjeux actuels de la vie sociale, des acteurs dominants et des acteurs dominés, mais aussi des capacités d'intervention institutionnelle, qu'il s'agisse de l'État ou d'un système parlementaire ?

Or, nous observons dans notre propre société que chacun de ces éléments est non seulement mal défini, mais apparaît en voie de décomposition. Ce qui conduit à parler d'une crise de l'ensemble constitué par des enjeux communs, l'opposition des intérêts et un champ d'intervention possible de l'État. Le monde des dominés est devenu si divers et si fragmenté qu'il ne saurait donner naissance à un acteur historique, c'est-à-dire à une volonté d'action collective ayant un effet sur les orientations de la société. La même observation peut être faite du côté des dominants. Enfin, il est difficile de savoir s'il existe des systèmes institutionnels qui parviennent à contrôler et à guider à la fois les conflits sociaux et la capacité d'investissement d'une société. Dans beaucoup de cas, la conscience de la contradiction entre acteurs et systèmes est si grande qu'on cherche plutôt à écarter les médiations possibles en pensant qu'il faut laisser libre cours aussi bien aux acteurs dominants qu'aux acteurs dominés. Certains nomment libérale la société qui prétend l'être économiquement et politiquement, en définissant sa dimension politique comme la capacité d'établir des médiations, c'est-à-dire des accords limités. Mais ne sommes-nous pas au plus loin de cette définition du libéralisme, dans la mesure où, dans les crises que nous vivons, nous ne sommes plus capables de définir l'équivalent des fondements de la société industrielle ? Notre société n'est à l'évidence plus dominée par la production, l'accumulation et les conflits qui tournent autour de l'appropriation des gains de la productivité.

Mais par quoi l'est-elle ? Notre premier objectif doit être dès lors de répondre aux questions suivantes : quelle est la capacité d'action collective des acteurs ? Quelles sont leurs formes, soit de combat ouvert, soit d'acceptation de certaines médiations ? Et enfin, comment évaluer la volonté d'intervention ou de non-intervention des pouvoirs politiques et judiciaires en vue de parvenir à traiter, par des moyens institutionnels, les conflits fondamentaux ?

Le déclin de la société masculine

Derrière cette crise économique que révèle la fragilité du puissant capitalisme américain et anglais, comment ne pas apercevoir aussi le déclin d'un monde masculin fait d'argent plus encore que de machines et de produits ? Un monde caché mais tout-puissant où, comme à la cour des rois, la splendeur voisine avec le vice, non pas celui du sexe, mais celui du profit désocialisé par son rejet de toutes les limites et de toutes les normes.

Cette image brutale masque complètement l'ascension des femmes, qui dominent la consommation au plus haut sens du mot, se confondant presque avec la création. Mais de création il n'est plus question ; on n'observe que destruction et appauvrissement. Le capitalisme financier accumule, il ne produit rien, sinon une succession de « bulles » et la proximité vénéneuse de la richesse immense, de l'écroulement financier et de la crise sociale. Quelle distance parcourue en quelques années entre les créateurs de Microsoft et d'Apple qui inventèrent, presque sans argent, le monde informatique et l'univers de vie, d'échanges et aussi de débats, qu'Internet a porté dans tous les domaines de l'expérience humaine. Techniques créatrices d'une civilisation dans laquelle les femmes cherchent à recomposer une expérience humaine polarisée depuis des siècles entre l'élite conquérante et les populations paupérisées et soumises. Ici aussi, après tant de succès et de sauts en avant, les sociétés industrielles s'écrasent dans une impasse, et leurs richesses passent dans les mains de financiers indifférents à tous les ordres de création et d'invention.

On ne saurait comprendre le sens de la crise financière, dont les spéculateurs sont, comme toujours, les premiers à se relever, si l'on ne voit pas au-delà du présent la montée d'un monde fondé sur la connaissance et aussi sur la conscience de soi. Monde créateur, mais qui n'entretient aucun rapport avec l'économie sans utilité, sans réalité, qui s'est formée et écroulée, et qui doit être aujourd'hui domptée par le sursaut de ceux qui se refusent à lâcher la proie pour l'ombre.

Ce risque de destruction du monde par la recherche sans limite du profit est plus que le symptôme d'une crise, puisqu'il peut devenir mortel pour la société, et d'abord pour le libéralisme, qui a détruit la « société capitaliste » en supprimant tous ses acteurs et en la réduisant au règne du marché.

Dans quelle société vivons-nous ?

Dans la société industrielle, c'est bien la transformation des ressources matérielles qui est au principe de la vie sociale, et les conflits sur la distribution de ces ressources qui engendrent les affrontements principaux. Tous les aspects de la vie sociale sont définis et situés par rapport à cette création de ressources matérielles et, par conséquent, par la définition des acteurs eux-mêmes et de leurs conflits en termes de production de biens et de répartition des ressources disponibles.

La société postindustrielle, qui est avant tout une société de communication, n'est pas différente en nature des autres étapes de la société industrielle. Elle n'en est que la forme (actuellement) la plus avancée. La confusion des idées a mené certains à parler de société postmoderne. Ils entendent par là la disparition du rôle explicatif central donné à l'évolution technologique et économique, ce qui les conduit à affirmer la diversité complète des éléments qui coexistent à un moment donné.

La séparation réelle de divers conflits (économiques, internationaux, de genre) ne signifie pas la disparition de tout principe d'unité mais, ce qui est essentiel, la montée d'un tel principe d'unité à un niveau plus élevé d'universalisme. Niveau qui est celui des Droits de l'homme. La fin de la lutte des classes comme figure centrale du conflit ne témoigne pas d'un émiettement complet de la société, mais du passage, que je viens d'évoquer, à un autre niveau d'unité.

La globalisation du système économique affaiblit surtout les instruments d'intervention qui ont été formés dans un cadre national, en particulier la capacité de régulation et de contrôle des rapports entre acteurs économiques par un État capable d'intervention sociale autant qu'économique.

Il semble que nous soyons parvenus à la fin d'un long processus de désinstitutionnalisation, et même d'affaiblissement des catégories sociales, de leur hiérarchie, de leurs conflits et de leurs acteurs. Cette impression de fragmentation et de décomposition des éléments de la vie sociale est aussi importante que l'a été, surtout au début de l'industrialisation, la concentration des conflits particuliers en un conflit général fondé sur la contradiction des intérêts ; ce qui n'excluait pas cependant l'affirmation de formes de régulation et de contrôle des rapports et des conflits sociaux. On doit certes conclure à la perte d'importance ou même à la disparition d'acteurs proprement sociaux, mais ceux-ci laissent la place à d'autres acteurs, non sociaux, dans la mesure où ils mettent en jeu des orientations culturelles fondamentales.

Il faut avant tout regarder ce phénomène de décomposition

des acteurs sociaux comme la conséquence de la dissociation entre une économie globalisée et des conflits sociaux ou des actions politiques qui ne sont pas présents au niveau mondial, mais le sont aux niveaux local ou national. On peut même aller jusqu'à dire que la notion de *société* devient inutile et même nuisible, à partir du moment où cette séparation entre les enjeux économiques ou technologiques et les interventions sociales et politiques de tous ordres devient à peu près complète.

Certains objectent aussitôt que dans aucun pays les institutions n'ont cessé de fonctionner, ou en tout cas pas dans des pays appartenant à cette partie-ci de la planète : les métros roulent, les dentistes soignent les caries, et rien n'a changé dans le rituel de la relève de la garde à Buckingham Palace. Si j'emploie des mots qui semblent tourner en dérision les arguments de ceux qui refusent mon raisonnement dès la première phrase prononcée, c'est parce qu'en effet il est trop courant de confondre le fonctionnement matériel d'une société avec la compréhension des mécanismes par lesquels un individu ou une catégorie sociale peuvent devenir des acteurs, c'est-à-dire des créateurs de changement. Or ce qui est inquiétant, c'est que le refus opposé par quelques-uns à la compréhension en profondeur des bouleversements de nos sociétés depuis un siècle contribue à leur impuissance, et surtout à la difficulté de plus en plus grande qu'ont les individus et les catégories sociales à se constituer en acteurs de leur propre histoire et de la gestion ou de la transformation de leur société. Certes, les individus ont toujours joui d'un espace suffisant pour affirmer leurs différences, leur personnalité propre et aussi certaines de leurs opinions, mais il n'est pas difficile de s'apercevoir que notre société n'est plus du type de celle que décrivaient les manuels marxistes il y a un demi-siècle. Le changement s'est même effectué dans un sens opposé à celui que prévoyaient les groupes radicaux. La complexité des échanges sociaux ne s'est pas transformée en affrontement direct entre deux blocs. C'est l'inverse qui s'est produit, c'est-à-dire une différenciation croissante des situations, des catégories, des groupes et des opinions. Non pas que l'égalité ait progressé : ce n'est clairement pas le cas dans de nombreux pays, dont les États-Unis, mais l'abondance plus grande des biens et des services produits fait que la diversité s'est installée dans le monde de la consommation, comme elle avait commencé à le faire dans le monde de la production.

Le cas le mieux connu est celui de la « classe ouvrière ». Nul ne peut nier qu'elle s'est diversifiée. On constate ainsi une séparation croissante entre une catégorie centrale largement protégée par les services de santé, d'éducation et de Sécurité sociale, et des catégories nombreuses d'exclus ou de marginaux, ceux que Robert Castel a appelés d'un mot juste des « désaffiliés ». Parfois, dans cette vaste catégorie, certains regroupements s'opèrent, des communautés se forment, des minorités s'opposent aux conduites de la majorité – et sont même de plus en plus facilement admises, à condition qu'elles ne cherchent pas à renverser la majorité. Cette image correspond aussi à ce que beaucoup d'auteurs observent dans la situation des femmes. Celles-ci sont moins dépendantes ; on reconnaît mieux à la fois les droits et les différences qui les distinguent des hommes. Mais ces changements semblent témoigner d'une marche très lente, peut-être jamais terminée, vers l'égalité entre les deux genres. Assurément, certains ne se satisfont pas de cette évolution ambiguë. J'ai moi-même découvert, dans les conduites et les opinions des femmes actuelles, la preuve de la formation d'un nouvel acteur collectif social et politique. Cette opinion reste cependant minoritaire. Pour les uns, reconnaître les pluralismes renforce la recherche de cohésion ; pour d'autres, au contraire, demeurent partout des aspects d'un conflit général. Mais tout continue à me porter vers la position que j'ai déjà exposée. Nous ne vivons pas dans une société entièrement « liquide », comme le pense Zygmunt Bauman, et pas davantage dans un conflit social général qui se manifesterait sur divers « fronts ». Le siècle qui s'est ouvert apportera certainement un renfort apparent à toutes ces interprétations. L'immigration de masse mélangera les populations, induisant plus souvent des conflits que de l'intégration. Il sera de plus en plus tentant d'apercevoir un conflit central dans un monde divisé entre un Occident dominé par les États-Unis et une Chine s'emparant de beaucoup de marchés. Pourtant, le principe général que j'ai posé restera valide : l'unité des mouvements et des conflits se formera de plus en plus haut, bien au-dessus de l'ordre proprement social, là où s'affirment les grandes conceptions culturelles qui orientent les conduites, y compris sociales.

Dans tous les domaines, les catégories sociales se désagrègent ou se fragmentent. C'est dans l'ordre professionnel que cette évolution est la plus visible. Il n'y a presque plus rien en commun entre les *golden boys* et les travailleurs précaires, de sorte qu'ils ne peuvent même pas être des adversaires directs. On peut dire la même chose des conflits entre femmes et hommes. Il s'agit moins d'un conflit entre des catégories de genre que d'une opposition entre l'image « polarisée » de la société défendue par des hommes et son image réintégrée proposée par des femmes. Dans chaque cas il faut passer du plan social à un plan plus élevé, ce qui explique que l'on n'ait plus affaire aux formes classiques des conflits sociaux et que s'y substitue l'affrontement entre le modèle européen classique, accentué par les crises récentes, et la volonté affirmée de rétablir des liens entre les logiques économiques et les demandes sociales.

On doit saluer les efforts déployés par les « socio-économistes » pour réintégrer les aspects économiques et socio-économiques des situations que nous vivons. Pourtant il est avant tout nécessaire de reconnaître la rupture de ces deux ordres de conduites et de chercher à la transformer en un conflit général entre des exigences culturelles et une vision de la société réduite à un ordre économique.

Cette idée nous conduit directement au centre de cette analyse, car les crises économiques récentes naissent généralement d'une séparation croissante de l'économie financière, qui est souvent contaminée par la volonté d'enrichissement personnel des dirigeants, et de l'économie « réelle », qui n'est pas définissable en dehors de conflits sociaux et des interventions de l'État.

Mais cette rupture interne de l'activité économique a aussi une autre signification. Car, au-delà de la rupture entre le capitalisme financier et l'économie « réelle », on observe une autre séparation, plus large, entre l'ensemble des activités économiques et la vie sociale, culturelle, et même politique, accentuée par la globalisation. C'est ainsi que non seulement l'économie financière se sépare de l'économie réelle, mais que la vie économique dans son ensemble se sépare du reste de la société, ce qui menace de détruire les institutions où se construisent les normes et les modes de négociations sociales. Plus importante encore est la tendance des acteurs à ne plus être définis seulement par des catégories économiques supposées commander les catégories sociales. De nouveaux acteurs se forment, qui ne sont plus de type socio-économique, car ils opposent à une globalisation qui échappe à toutes les forces sociales le respect des « droits humains ».

Nous voici au cœur du projet de ce livre : comprendre comment acteurs et système se séparent toujours davantage, et comment l'expérience humaine est à la fois soumise à la nécessité économique et capable de la briser en s'assignant des objectifs et en formant des mouvements qui s'opposent à toutes les logiques économiques, au nom d'un appel au « sujet » humain, à ses droits et aux lois qui les font respecter.

II

La crise de la société capitaliste

La reconstruction après la guerre a permis dans plusieurs pays la création d'un grand système de Sécurité sociale, qui a réduit les inégalités dans le secteur de la santé. Mais les rémunérations et les conditions de vie passèrent au second plan dans les préoccupations des gouvernements. Il fallait, disaient-ils, donner la priorité à la reconstruction des infrastructures ; l'amélioration des conditions de vie suivrait. Il fallait d'abord remettre en route l'appareil de production, en reconstruisant les chemins de fer et en augmentant massivement la production de ciment. Un livre de Manuel Castells a décrit la vie des ouvriers français et étrangers travaillant à Dunkerque, habitant dans des baraquements provisoires où la vie était difficile, alors qu'ils construisaient des installations techniques de haut niveau. Le contraste entre la grandeur de l'œuvre industrielle accomplie et les difficiles conditions de vie et de travail des ouvriers du bâtiment ont fini par frapper l'opinion.

Après le recul de l'interventionnisme étatique à partir des années 1970, on a assisté à une autre rupture, d'une nature différente. Les cadres supérieurs et les dirigeants étaient jusqu'alors rémunérés en fonction de la place qu'ils occupaient dans la hiérarchie des qualifications. Brutalement, la situation changea. L'ouverture des marchés et la concentration des entreprises conduisirent à évaluer l'action des dirigeants et des cadres dirigeants au niveau international. Et l'Europe continentale s'aligna sur ce modèle dominant. Au cours des dernières années, on a ainsi vu s'affirmer des discontinuités de plus en plus choquantes entre ceux qui relevaient encore de la pyramide des rémunérations fondée sur la qualification, tandis que les catégories les plus élevées obtenaient que leur rémunération, ou plutôt leur revenu général, soit défini en fonction de leur position sur les marchés internationaux. Ce qui induit une rupture profonde entre les plus qualifiés des exécutants, d'un côté, et, de l'autre, les directeurs généraux et P.-D.G. entrés sur le marché international des dirigeants d'entreprise. Les très hauts revenus, augmentés par toutes sortes de primes et autres « parachutes dorés », constituent désormais une véritable oligarchie formée par ceux qui génèrent les profits mondialisés. La crise où nous sommes entrés a notamment attiré l'attention sur le cas des *traders*, dont les primes se comptent parfois en centaines de milliers (ou même en millions) d'euros, et non en milliers (ou centaines) d'euros comme pour les autres salariés. On a finalement été surpris de constater que de tels avantages étaient également accordés à des dirigeants dont la gestion n'avait pas été couronnée de succès. Et il est rapidement devenu clair que ce n'est pas l'activité de production qui enrichit mais la spéculation financière, et que c'est elle qui déverse sur un petit nombre de dirigeants l'essentiel de l'augmentation des ressources, alors que la grande majorité des salariés continue à lutter pour des augmentations de 1 à 2 %. Le résultat est que les cadres ne sont plus aussi loyaux à l'égard de leur entreprise, comme l'ont montré nombre de recherches, en particulier celle, très récente, menée par Olivier Cousin.

Un second secteur financier

Mais il faut aller bien au-delà de l'enrichissement personnel de quelques-uns pour comprendre les transformations que subit aujourd'hui la vie économique. Les crédits ont débordé de plus en plus, en valeur, ce qui les garantissait. Cent dollars de dépôt dans une banque ont pu être transformés en sept cents dollars engagés dans des *hedge funds* ou, dans le cas de la construction, dans les *subprimes*. Ce déséquilibre a fait reposer l'économie non plus sur la technologie et les méthodes de production et de diffusion de produits nouveaux ou améliorés, mais sur la réussite d'opérations dont l'exemple le plus célèbre fut la dévaluation de la livre anglaise sous les attaques de George Soros. Dans certains cas, c'est même de vol ou de malversation qu'il faut parler. Après la Seconde Guerre mondiale, les dirigeants industriels s'étaient inscrits dans les projets nationaux et sociaux de reconstruction ; au cours des dernières décennies, au contraire, les capitaux se sont prioritairement tournés vers la spéculation. La distance croissante entre le monde des salariés et celui des dirigeants ne correspond plus à un affrontement entre des classes opposées. L'internationalisation a plutôt séparé ceux qui ont réussi à s'y engager et ceux qui ne peuvent pas y parvenir. Parallèlement, les entreprises de production ont dû reconnaître que les profits liés à la production devenaient de plus en plus faibles comparés à ceux qu'obtiennent les *traders* travaillant pour de grands groupes financiers.

Le dérapage du capitalisme financier, de plus en plus déconnecté des besoins de la production, a commencé à s'accélérer à partir des années 1990, mais plutôt à un niveau régional – Asie, Mexique, Argentine – qu'au niveau global, avant l'éclatement de la « bulle » des technologies nouvelles, et surtout avant le krach des *subprimes* qui a ruiné brutalement beaucoup de ceux qui recouraient au crédit hypothécaire pour acheter une maison.

Les États-Unis et les pays qui suivent leur exemple, en Europe surtout, accordent peu de pouvoir à ceux qui font avancer la production, la science, l'éducation, la santé publique ou les arts. C'est ainsi que le capitalisme financier, encouragé par la politique des bas taux d'intérêt de la Federal Reserve Bank américaine, sous la longue présidence d'Alan Greenspan, a attiré d'importants capitaux sur le marché américain. La Chine, au contraire, a élevé pendant cette période son épargne jusqu'à 50 % du revenu national, ce qui a permis à l'État-parti d'investir 40 % du PIB.

Un très grand nombre d'Américains ont ainsi été entraînés dans le tourbillon des crédits. Beaucoup de particuliers se sont endettés au-delà de leur possibilité de remboursement, tandis que l'État américain devenait lourdement débiteur de certains pays, et notamment de la Chine qui avait acquis une grande partie des bons du Trésor américain.

L'atmosphère de consommation effrénée qui s'est diffusée dans nombre de pays, et surtout aux États-Unis, a apporté un soutien de fait aux dirigeants de la finance qui mettaient en œuvre un système d'opérations financières plus aventureux que celui sur lequel reposaient les habituelles opérations de Bourse. Dans cette perspective, si l'on peut parler de déclin du capitalisme, c'est pour deux raisons principales. La première est celle qui vient d'être mentionnée. Des opérations de crédit de plus en plus sophistiquées, et de moins en moins contrôlées, ont conduit à la catastrophe économique des *subprimes*, mais l'opinion, pourtant impressionnée par le nombre des victimes, ne s'est pas mobilisée pour éradiquer les ressorts de la crise. La seconde tient au fait qu'après un quart de siècle d'admiration généralisée pour la supériorité du système néolibéral, et pour la société américaine en particulier, les citoyens américains et leurs cousins européens ont découvert la faiblesse et les erreurs gigantesques commises par les grandes banques, dont l'action a accru les inégalités, surtout entre les très riches et les très pauvres.

Une grande partie du monde, du fait de la globalisation de l'économie, a été contaminée par les méthodes nouvelles du capitalisme américain et leurs effets destructeurs. Les « succès » du capitalisme financier et de la demande toujours plus pressante des consommateurs conduisent à parler d'une crise de la société capitaliste (plutôt que du capitalisme), dans la mesure où les acteurs de cette société ont été détruits (y compris quand son fonctionnement économique semblait encore satisfaisant).

Le choc et le silence

L'écroulement du système bancaire international, en premier lieu américain, a créé un choc et a fait naître des peurs mais n'a pas suscité de réaction massive de la part des victimes, puisqu'elles ne constituaient pas un groupe social et politique réel, et que les intérêts des salariés n'étaient pas plus unifiés que ne l'étaient ceux des dirigeants, parmi lesquels existaient aussi, on l'a suggéré, des divisions et des conflits. Dans un premier temps, lorsque les États-Unis, et en particulier le Président et le secrétaire au Trésor, sont intervenus massivement pour éviter la faillite des banques, les opinions publiques américaine et européenne n'ont pas compris comment l'État, qui se révélait capable de mobiliser tant de milliards de dollars pour maintenir en activité des banques menacées de mort par le simple blocage des échanges interbancaires au jour le jour, pouvait continuer à s'opposer à des augmentations pourtant très limitées des salaires, et surtout à négliger les victimes de la crise, en particulier immobilière. Mais ces interventions ont provoqué une surabondance de liquidités qui hypothèque aujourd'hui l'avenir des pays qui ont subi les conséquences de la chute du système bancaire.

La plupart ont finalement compris que le concours massif des États était indispensable pour empêcher une catastrophe systémique. Pourtant de telles interventions, dans certains pays européens, ont renversé les règles du jeu auxquelles l'opinion publique s'était habituée. C'est ainsi que les fautes, commises par des dirigeants furent peu sanctionnées et que les plus grands « voleurs » purent se laver de leurs fautes, moyennant des condamnations légères ou de principe, en les enfouissant dans les arcanes du système fiscal. Mais Joseph Stiglitz a eu raison de reprocher au président Obama de ne pas avoir aidé les petites banques qui ont une action plus directe sur l'emploi.

Ainsi peut s'expliquer l'un des phénomènes les plus surprenants de l'époque que nous vivons, le silence des victimes, alors même que la situation économique aurait dû provoquer des réactions que les syndicats auraient été les mieux placés pour transformer en protestations politiques. Rien de tel n'a été aperçu dans la plupart des pays. L'arrivée de Barack Obama au pouvoir a tenu à beaucoup de facteurs, mais en aucun cas à une action revendicative particulièrement forte, d'autant plus que les syndicats appellent traditionnellement à voter pour le Parti démocrate. Et aujourd'hui ce sont donc les États qui interviennent pour résoudre des crises qu'ils ont favorisées eux-mêmes par l'excès de confiance qu'ils ont placé dans la sagesse des marchés et des marchands.

L'évolution récente du système économique américain a eu des effets dont l'importance a dépassé de très loin le niveau des relations entre les acteurs sociaux et l'État. Dans la plupart des pays, en effet, nous n'apercevons plus à l'heure actuelle les éléments de base qui avaient joué un rôle tellement grand dans les sociétés industrielles ; le recul des syndicats en particulier est presque partout manifeste. Rappelons ici qu'il faut appeler capitaliste le système qui repose sur la polarisation de la société entre l'élite qui dirige les changements et perçoit les profits, et ceux qui y sont enfermés sans pouvoir d'influence, ce qui conduit soit à des ruptures violentes, soit à la « social-démocratisation » croissante des États, lorsqu'ils parviennent à s'assurer une grande capacité d'intervention dans la vie économique. Le capitalisme donne une grande part du pouvoir aux milieux économiques dirigeants, mais ceux-ci sont censés avoir une forte conscience de l'intérêt général, et les salariés peuvent avoir accès aux décisions politiques. Or cette image classique, qui a été la nôtre pendant si longtemps, ne correspond plus à la réalité.

Nous ne pouvons plus, en effet, définir notre société en termes de production quand les marchés financiers et leurs effets induits sur le fonctionnement des banques ou des États sont aussi déterminants. Les dirigeants nationaux ont même perdu leur capacité d'action à partir du moment où l'économie est devenue largement « globale », de telle sorte qu'il y a une plus grande proximité entre les banquiers de Londres, de New York et de Tokyo, comme l'a montré Saskia Sassen, qu'à l'intérieur d'un même pays entre dirigeants économiques et dirigeants financiers qui agissent en vertu de critères différents, à des vitesses différentes, et sur des terrains très différents les uns des autres.

Ces remarques nous conduisent à une première conclusion : nous ne vivons plus dans une société où les classes sociales se disputent la répartition du produit de la production. Et l'État agit moins comme un arbitre entre les acteurs sociaux en conflit que comme un médiateur entre l'économie nationale et ses adversaires intervenant sur les marchés internationaux. Parmi les acteurs politico-économiques qui occupaient récemment encore une place importante dans la société, peu nombreux sont ceux qui la détiennent encore. De son côté, l'État en 2010 n'a presque plus rien de commun avec son homologue de 1936 et du New Deal. La gravité du recul des syndicats se mesure à l'écart existant, en Europe, entre les derniers pays à connaître des syndicats forts – comme l'Italie, la Suède et l'Allemagne – et ceux où ces derniers ont perdu une grande partie de leur influence. L'État lui-même ne peut plus être présenté comme une pièce centrale du système de démocratie représentative. Celle-ci fonctionne donc de moins en moins bien. Les États-Unis ont donné depuis longtemps l'exemple d'un système politique démocratique qui repose sur une pyramide de niveaux d'élection et de décision qui, quelquefois pour le meilleur, quelquefois pour le pire, font de l'élection présidentielle une expression affaiblie et très indirecte de l'opinion publique. Il est ainsi remarquable que le succès extraordinaire du président Obama ne puisse pas être expliqué seulement par la perspective qu'il soit mis fin à l'exclusion politique des Afro-Américains, mais au moins autant par le rejet massif de la politique de guerre du président George W. Bush. Quoi qu'il en soit, la représentativité sociale des élections américaines, bien qu'elle soit faible, est aujourd'hui souvent supérieure à celle des élections européennes. C'est en effet un Premier ministre travailliste anglais qui a laissé la City de Londres devenir un État dans l'État, et qui a engagé fortement la Grande-Bretagne dans la guerre menée par les États-Unis contre l'Irak de Saddam Hussein. En Allemagne, la social-démocratie s'est mise au service d'une politique libérale. L'action du président du Conseil italien Silvio Berlusconi est commandée plus directement par ses intérêts personnels que par un programme politique, et la France a élu un président de droite qui a pu incorporer dans son gouvernement des personnalités de gauche. Comment oublier aussi l'échec de la création d'un système de Sécurité sociale pendant la première présidence de Bill Clinton, échec que le président Obama vient heureusement de surmonter, non sans difficulté, pour mettre fin à la situation désastreuse d'un pays à très haut niveau de ressources et de création scientifique, mais qui est incapable d'assurer une protection minimum à nombre de ses citoyens ? Revenant en Europe, nous observons que les partis de gauche ont fait preuve d'impuissance devant la crise, et que celle-ci a entraîné l'affaiblissement des revendications salariales.

Toutes ces observations sur la faiblesse des acteurs dans la société d'aujourd'hui nous font avancer vers des conclusions qui sont à l'opposé de celles qui sont présentées en général : le capitalisme a subi une crise grave, mais il ne sort pas affaibli de la crise, et c'est même le capitalisme financier, son principe actif, qui s'est relevé le plus vite, même si la quasi-faillite de Dubaï, à la fin de 2009, est venue peser conjoncturellement sur les principales Bourses.

Qu'est-ce qu'une société capitaliste ?

Ce qui est en ruines ce sont les acteurs, les modes de domination, les conflits traditionnels et les interventions de l'État au sens classique du terme ; bref, la société capitaliste classique. Mais ce serait un non-sens de croire qu'une société capitaliste est telle parce qu'elle est complètement dominée par l'économie capitaliste et les intérêts de ses dirigeants. Pour un sociologue, une société capitaliste n'est pas seulement une société dont l'économie est capitaliste, puisque aujourd'hui la Chine des successeurs de Mao comme la Russie de Poutine et de Medvedev sont des économies capitalistes, comme d'ailleurs le Venezuela de Chávez.

Une société capitaliste n'est réputée telle que dans la mesure où les acteurs économiques en conflit se disputent le contrôle des ressources disponibles dans une *culture* acceptée par tous et dans des conditions qui permettent à l'*État* d'intervenir, ce à quoi il est poussé par les victimes de la gestion économique imposée par les dirigeants capitalistes.

Cette présentation des choses, qui peut troubler quelques idéologues, est admise de fait par presque tous, puisque les États sociaux-démocrates, qui consacrent une grande partie de leurs ressources à améliorer la situation de leurs habitants, sont également capables de faire participer très activement leurs dirigeants économiques à la concurrence internationale. Et si certaines politiques économiques, au cours des dernières décennies, ont prétendu en finir avec la représentation des acteurs sociaux en feignant de croire, selon les principes du *Consensus de Washington*, que la rationalité du marché doit prendre le pas sur l'irrationalité des acteurs, leur hypothèse est finalement apparue dérisoirement fausse au regard des comportements réels du capitalisme financier et d'une partie des dirigeants du capitalisme industriel. Il s'agit justement aujourd'hui de reprendre en considération les objectifs non économiques du système économique, ce qui n'est possible que si l'économie capitaliste s'inscrit dans une société qui la dépasse, puisqu'elle est faite tout autant d'acteurs anticapitalistes et d'États réformateurs que de compétitivité internationale et de financiers cupides.

Les États en appellent ainsi directement à des finalités non économiques, aussi bien sociales qu'écologiques. Les conflits principaux ne s'inscrivent plus à l'intérieur du système de production mais opposent à une économie globalisée la défense de droits qui doivent être directement humains, et pas seulement sociaux.

S'il faut parler de remplacement des acteurs sociaux par des acteurs moraux, c'est en espérant que, dans la société reconstruite, le pouvoir dominant des financiers sera limité à la fois par le pouvoir d'initiative des dirigeants industriels et aussi de ceux qui résistent à la logique non humaine de l'économie globalisée et par les interventions d'États soucieux d'enrayer l'irrationalité des manœuvres spéculatives et l'accroissement des inégalités sociales et du chômage.

La contradiction, si souvent évoquée entre un économisme pur et le souci des écologistes de sauver la vie sur la planète, doit être considérée comme de même nature que celle qui opposait maîtres des entreprises et ouvriers dans la société industrielle. Ceux qui demandent (encore) l'abolition de l'économie capitaliste feraient donc mieux de travailler à la reconstruction d'une société de production capitaliste, étant entendu qu'une telle société ne saurait exister sans que les défenseurs des salariés limitent le pouvoir des acteurs économiques et financiers. Car, je l'ai dit, l'aspect le plus grave du déclin du capitalisme est justement la faiblesse croissante des acteurs socio-économiques et de l'État interventionniste.

Élargissons encore la perspective. En un instant, nous avons découvert à quel point nous nous étions écartés des problèmes de la production, et privés des avantages du capitalisme associé aux grandes découvertes technologiques et scientifiques qui permettent à beaucoup de vivre plus longtemps et à ceux qui ont été rejetés hors de la vie sociale active d'être protégés. Vivante, créatrice, traversée de tensions et de conflits, cette société est devenue presque irréelle, tant est épais le rideau de fumée de mensonges et de secrets qui nous a enfermés dans le monde de l'immédiat. Dans ce monde, l'être humain est devenu incapable d'être ce qu'il voudrait être et de défendre ses droits fondamentaux.

III
La situation de crise

L'ouragan financier

Nous ne sommes pas habitués à traiter de phénomènes d'une telle ampleur. Nombre d'entreprises sont paralysées par la crise financière, qui ne peut être limitée ou résolue que par l'injection dans l'économie de liquidités dont le montant dépasse de loin leurs moyens.

La crise actuelle a été précédée de plusieurs autres, moins massives, mais qui témoignaient de la fragilité du système financier. Par exemple, en 1990, la crise des « Savings & Loans », c'est-à-dire des caisses d'épargne américaines, a joué un rôle important dans la récession de 1991-1992. En 1995, la chute retentissante de la banque Barings en Grande-Bretagne puis, en 1998, l'effondrement de certains fonds spéculatifs annoncèrent les orages à venir. Après l'éclatement de la bulle informatique en 2001, suivi du scandale Enron (31 octobre 2001), le krach du fonds Amaranth, puis la crise des *subprimes* aux États-Unis à partir de 2007 ont débouché sur une crise générale. C'est la chute de Lehman Brothers, le 15 septembre 2008, qui a déclenché la catastrophe.

Ces crises, venant après celles qui avaient éclaté au cours de la décennie précédente en Asie et en Amérique latine, et après le blocage de l'économie japonaise, ont puisé le plus souvent leur origine dans des initiatives financières dangereuses, et prirent rapidement une ampleur gigantesque. La multiplication des produits dérivés et la titrisation, c'est-à-dire la transformation en titres boursiers de créances détenues par les banques, ont mis en jeu, en 2007, 600 000 milliards de dollars, soit douze fois le PIB mondial[1]. La bulle immobilière, plus réduite, affecta cependant 30 000 milliards de dollars. En Grande-Bretagne, la City, principal marché boursier mondial, représente une part croissante du PIB. Ces univers financiers considérables débordent largement leur base réelle, définie en termes de garanties économiques.

Certains pays sont particulièrement fragilisés : l'Espagne, dont l'endettement atteint 160 % de son revenu disponible ; la Grande-Bretagne, où il atteint 140 % ; les États-Unis, avec 130 %. Sur le plan social, le fait majeur est l'accroissement des inégalités, en particulier aux États-Unis, et surtout l'explosion du revenu des grands dirigeants, qui passe pendant cette période de 40 à 400 fois le salaire ouvrier moyen.

Il faut accorder une aussi grande attention aux transformations subies dans le même temps par l'ordre économique mondial. La première, la plus manifeste, engage le rôle de plus en plus important joué par les grands pays émergents – les BRIC : le Brésil, la Russie, l'Inde et la Chine. Le commerce mondial se réorganise autour d'eux : leurs exportations de matières premières, surtout agricoles, alimentent désormais la production industrielle puis informatique des pays du Nord. Certains d'entre eux, la Chine en premier lieu, développent une production industrielle de niveau élevé. L'ensemble des pays du Nord perd ainsi la maîtrise du contexte mondial, même s'il conserve le quasi-monopole de la recherche, du développement et de la formation de capital. Le G8 est en fait

1. Le PIB mondial s'élève alors à 50 000 milliards de dollars, celui des États-Unis à 11 000 milliards et celui de la France à 2 000 milliards de dollars.

remplacé par le G20, qui ouvre ses portes aux pays émergents, mais en même temps certains parlent d'un G2 – États-Unis / Chine –, qui aurait une capacité de décision et de négociation très importante, même si les Chinois refusent cette idée. L'Europe est sortie affaiblie de ces transformations. Et l'économie du Nord, en particulier des États-Unis, subit de graves déséquilibres.

Il aura fallu la forte initiative des États-Unis et le plan Paulson de 700 milliards de dollars de liquidités injectées dans les banques et les grandes entreprises, complétés par les 636 milliards offerts par le gouvernement anglais, les 480 milliards apportés par l'Allemagne, les 360 venus de la France (en partie sous forme de garanties), et les apports plus faibles venus d'autres pays, pour empêcher l'écroulement de l'économie mondiale. Succès tellement éclatant qu'il aura rapidement incité les banques américaines et d'ailleurs à renouer avec leur jeu favori, la spéculation, aussitôt payées leurs dettes.

Au-delà de ces données quantitatives, le changement le plus important à signaler est la chute des *executives* (directeurs généraux), dont le pouvoir dans les entreprises avait été salué si favorablement par John K. Galbraith. C'est que les nouveaux banquiers, loin de prendre en charge le développement économique, ont provoqué l'écroulement du système bancaire. Autrement dit, ce qui était jusqu'alors regardé comme le triomphe de la rationalité économique, le calcul financier, a été dénaturé par des banques recherchant avant tout l'accroissement de leurs profits, et même l'enrichissement personnel de leurs dirigeants, comme l'ont montré certains grands scandales (au premier rang desquels celui des 50 milliards de dollars réalisé par Bernard L. Madoff, ancien directeur du Nasdaq).

Cette crise majeure marque l'achèvement, le coup de tonnerre final de l'ère néolibérale qui s'était substituée, à partir du milieu des années 1970, à l'économie administrée, née après la guerre, à une époque où seuls les États disposaient des moyens nécessaires au redressement des vieux pays industriels et au décollage de l'économie des pays décolonisés.

La crise n'atteint pas seulement la gestion et la gouvernance du monde économique ; elle intervient en pleine transformation de la culture et de ses valeurs, marquée par un intérêt plus limité pour le travail, le désir affirmé, surtout parmi les jeunes, de vivre des expériences personnelles plutôt que de participer à des tâches collectives trop souvent dépersonnalisées, et la diffusion des nouveaux modes de communication, à l'ère du numérique.

Mais surtout, au moment où nous entrons dans un nouveau type de société et d'économie, nous nous rendons compte que nous nous approchons très vite des limites que nous ne saurions franchir sans mettre en danger de mort notre existence même sur la planète Terre.

Certes, la rupture entre l'économie financière et l'économie réelle, qui organise la production et la distribution des biens et des services qui répondent à la demande, n'est pas un fait nouveau, et les crises nées d'une telle rupture ont marqué à plusieurs reprises la marche en avant de la production et de la productivité dans divers types d'économie. Mais ce qui fait la gravité exceptionnelle de la crise actuelle est que le monde financier s'est coupé en deux. Les banques ont créé un monde financier à l'écart de leurs propres normes et de leurs systèmes de contrôle. Et c'est dans ces produits dérivés que se sont engouffrés les *hedge funds* et les *subprimes*.

Les experts et les États

Deux raisons complémentaires justifient le recours à la sociologie dans ce champ d'études avant tout économiques : en premier lieu, l'absence (ou la faiblesse) de considérations sociologiques dans les analyses présentées par la grande majorité des économistes ; en second lieu, le fait que la démarche sociologique est seule susceptible d'éclairer certains aspects de la crise actuelle.

La question de l'échec de la pensée économique, ou tout au moins de son *mainstream*, a été traitée vigoureusement par Paul Krugman, Joseph Stiglitz et de manière plus détaillée par Norberto E. García, qui a publié en 2010 le livre *La crisis de la macroeconomía*. L'idée centrale défendue par ces auteurs, et par quelques autres avec eux, est que la raison principale de l'échec en question tient au triomphe d'une analyse considérée comme tellement classique qu'elle devait avoir raison de toutes les autres. On a vu ainsi se constituer, après le rejet brutal de la pensée keynésienne aux États-Unis, une alliance quasi fusionnelle entre les néoclassiques et les néo-néo-keynésiens. Ce nouveau champ de pensée dominant s'est construit autour de principes classiques et fondamentaux, comme l'hypothèse du comportement rationnel des acteurs dans la recherche de leurs intérêts et la construction d'un équilibre général à partir de la mise en relation de ces acteurs rationnels et, conclusion logique, la capacité du marché à rétablir ses propres équilibres lorsqu'ils sont menacés. Sans doute cette pensée n'est-elle que la traduction, en langage économique, de l'hégémonie américaine sur le monde, consécutive à sa victoire sur le système soviétique à la fin d'une longue guerre froide. De ce point de vue, cette pensée économique pourrait donc être considérée comme une expression idéologique de cette hégémonie, surtout en ce qu'elle ne laisse aucune place à l'étude des acteurs sociaux ou politiques, rejetés par le modèle de l'acteur économique rationnel. Cette idéologie n'a pas dominé également tous les centres de recherche économique. Paul Krugman a ainsi opposé avec humour les économistes d'eau douce, ceux qui travaillent dans la région des Grands Lacs, en particulier à Chicago, et les économistes d'eau salée, ceux qui sont installés sur la côte Est, à Harvard, MIT, Yale, Columbia ou Princeton, et, sur la côte Ouest, surtout à Berkeley et à UCLA. Mais cette opposition est limitée et ne doit pas être comprise comme l'expression d'un conflit entre deux géants. Peu nombreux, même sur les deux côtes, ont été les économistes qui avaient anticipé les mécanismes qui ont conduit à la crise que l'on sait et qui furent capables de la prévoir. Joseph Stiglitz et Paul Krugman furent au nombre des principaux « hétérodoxes » (ce qui ne les empêcha pas l'un et l'autre de recevoir le prix Nobel).

L'idéologie américaine dominante fut, de ce point de vue, une réalité contraignante, construite sous plusieurs présidents, et surtout par Ronald Reagan. Et l'arrivée au pouvoir de Bill Clinton n'y changea rien.

Certes, il ne s'agit pas de chercher dans le silence de la plupart des économistes l'origine de la crise. Ce serait à la fois surévaluer l'influence des économistes universitaires et sous-évaluer celle des dirigeants de banques et d'entreprises. Mais puisque la crise actuelle repose sur une rupture des relations entre l'économie financière et l'ensemble des secteurs de la vie sociale, il est logique de souligner que ce silence et ses conséquences négatives sont inséparables du recul du monde occidental au niveau global, et en particulier de la perte par les États-Unis de leur hégémonie ; ce qui ne signifie évidemment pas qu'ils aient perdu leur supériorité dans tous les domaines. La situation ne fut pas différente en Europe, dont la contribution à la pensée économique fut néanmoins, pendant toute cette période, beaucoup plus faible que celle des Américains, à l'exception (traditionnelle) de la Grande-Bretagne et notamment de l'école de Cambridge héritière de Keynes.

Pour tout sociologue, une crise économique (et surtout financière) marque avant tout une rupture, la décomposition peut-être d'une société donnée définie comme un ensemble social où les rapports de domination ou de conflits, qui peuvent éventuellement déboucher sur des affrontements violents, sont le plus souvent, et surtout dans les sociétés dites démocratiques, limités car les adversaires se font la même idée de la vie sociale et partagent les mêmes idéaux en termes de conduites et d'institutions. Le cas de la société industrielle est clair : les dirigeants d'entreprises et les salariés qui furent les acteurs principaux des conflits partageaient largement la même représentation du monde économique : ils accordaient ainsi une valeur positive au travail, à la production et surtout à l'accroissement de la productivité qui permet l'élévation du niveau des salaires et du bien-être. Par ailleurs les États, soit directement, soit sous la pression des forces politiques et syndicales, sont intervenus constamment dans les conflits sociaux, en particulier dans les pays sociaux-démocrates, en faveur des salariés ou de ceux qui sont rejetés provisoirement ou durablement du monde du travail. Les deux objectifs principaux de l'État sont alors de réduire l'inégalité et de donner le plus de sécurité possible aux salariés. En France, le revenu des ménages provient pour un tiers des mesures de redistribution de la richesse et de protection des travailleurs, ce qui a eu des conséquences positives en réduisant la part du revenu national qui a été directement affectée par la crise financière et économique.

La crise en tant que telle n'est pas résolue et surmontée par la victoire d'un camp social sur l'autre. Par ailleurs, elle génère toujours une augmentation des inégalités, comme ce fut le cas récemment aux États-Unis, ce qui rend plus urgentes (et plus difficiles) les interventions à buts sociaux et politiques. Or, il faut savoir que la reconstruction de la société grâce aux interventions de l'État et sous l'effet d'une communauté de conception de la vie sociale par les acteurs en conflit est le meilleur moyen de juguler la crise.

Ce qui caractérise la société présente c'est que les

interventions massives des États ont permis la reconstitution rapide des profits des banques, tandis que l'augmentation du chômage ne diminuera que longtemps après la remise en route de l'économie. L'intervention des États a ainsi évité, au lendemain de la faillite de la banque Lehman Brothers, une catastrophe, mais elle n'est pas parvenue à recomposer le système socio-économique et même le président Obama n'a pas pu imposer aux banques les réformes qu'il jugeait indispensables.

Notons à ce propos que si les économistes ont raison de déceler dans la surabondance des liquidités et dans l'endettement des États-Unis, de l'État aux particuliers, les raisons profondes de la crise, il n'en reste pas moins que le comportement des très riches, dominé par la recherche de profits *maxima*, a joué et continue de jouer le rôle principal dans la désagrégation du système social, c'est-à-dire de toute possibilité d'intervention de l'État ou des salariés sur le fonctionnement de l'économie.

L'impuissance des États à contrôler le capital financier, si graves qu'aient été ses conséquences, n'est plus, à partir de 2011, et surtout en Europe, l'aspect le plus massif et le plus dramatique de leur échec. C'est au moment même où le redressement du système financier apparaissait à nouveau possible qu'on a découvert la situation désespérée, au bord de la faillite, de plusieurs États européens. L'Islande et l'Irlande avaient gravement souffert de la crise financière mais c'est en Grèce d'abord, au Portugal ensuite, et à leur suite dans l'ensemble de la zone euro que se révèle le caractère menaçant d'une nouvelle catastrophe. Les États européens – auxquels il faut ajouter les États-Unis dans ce cas – pour éviter une crise économique générale issue d'une baisse de la consommation s'étaient endettés dans des proportions jusqu'alors inconnues. La dette publique de plusieurs pays dépassait les 100 % du PIB. Les pays les plus affaiblis, comme la Grèce ou le Portugal, ne pouvaient plus emprunter en raison de taux prohibitifs qui les acculaient à la faillite. Les États, qui avaient fait adopter par tous les membres de l'Union européenne un code de bonne conduite leur interdisant de dépasser 3 % de déficit dans leur budget, se laissèrent entraîner bien au-delà de ce niveau. Ce fut en particulier le cas de la France, qui avait insisté avec une force particulière sur le respect nécessaire de la limite des 3 % de déficit.

Les États-Unis se souciaient peu de leur endettement extérieur car les bonds américains du trésor se plaçaient très facilement, en particulier en Chine, au Japon et au Brésil et parce que les dépenses militaires, en Irak et en Afghanistan, semblaient répondre à un projet national prioritaire comme le souligna en particulier le président Georges W. Bush, principal décideur – avec le premier ministre britannique – de l'engagement militaire en Irak.

La décision prise au milieu de 2011 par l'agence de notation *Standard & Poor's* de retirer un de ses trois A à la dette américaine n'a pas provoqué la panique que certains redoutaient, parce que la solidité et la créativité de l'économie américaine continuent à assurer aux États-Unis un leadership économique que la Chine, malgré sa très forte croissante, ne peut pas lui disputer.

Mais en Europe la situation est très différente. La Grande-Bretagne, géant financier, subit depuis longtemps une crise de désindustrialisation qui touche presque tous les pays européens, à l'exception de l'Allemagne qui a su maintenir son industrie lourde à l'intérieur de ses frontières et qui fournit des machines-outils et des automobiles aux grands pays émergents. L'Espagne, qui avait connu une prospérité très grande mais presque entièrement due à la croissance très forte de l'industrie de la construction liée elle-même au tourisme, est tombée dans une crise économique grave qui a fait monter son taux de chômage au-dessus de 20 %. Néanmoins, l'économie espagnole est protégée par son importance même car sa sauvegarde semble essentielle pour les autres pays de la zone euro. La solidarité des membres de cette zone est gravement affaiblie et l'Allemagne, en particulier, n'a accepté qu'avec retard de participer au sauvetage de la Grèce.

Mais, derrière la crise financière puis la crise monétaire, une troisième crise est devenue de plus en plus visible, la moins spectaculaire mais la plus grave, à savoir la crise de croissance. Ici, en Europe, c'est l'Italie qui est la plus touchée, n'ayant connu qu'une croissance moyenne de 0,1 % pendant la décennie 2001-2011. Néanmoins beaucoup d'autres pays s'éloignent peu de ce résultat inquiétant. L'Allemagne elle-même n'arrive qu'à 0,5 % en moyenne pendant cette période. L'Europe semble incapable de croître, ce qui n'est pas le cas des États-Unis dont l'économie garde une vigueur considérable surtout quand on la compare à celle de l'Europe.

Les raisons sociologiques de la crise de la croissance sont encore plus importantes que celles des autres crises. Un cas surprenant est celui de la France, qui est un des pays du monde dont les habitants portent le jugement le plus négatif sur eux-mêmes et sur leurs dirigeants, alors que la situation de leur pays, tout en étant médiocre, est une des moins mauvaises dans la zone euro. Il s'agit bien d'une perte de confiance en soi qu'on peut interpréter par des contradictions vécues dans la perception de soi. Contradictions aussi présentes dans la gauche de la France que dans la droite et qui rendent imprévisible l'avenir politique à brève échéance. Il serait intéressant de chercher à comprendre pourquoi les Italiens, dont la situation est bien pire, ont une image d'eux-mêmes beaucoup plus positive, alors même que la personnalité qui domine la vie italienne depuis plus de dix ans, Silvio Berlusconi, est l'objet de jugements très critiques à l'extérieur comme à l'intérieur de son pays.

Du début de 2007 à la fin de 2011, les éléments sociologiques et politiques des crises ont gagné un poids de plus en plus important, au point que les solutions économiques provoquent surtout des réactions négatives comme c'est le cas pour les projets de réformes budgétaires en Italie.

Au-delà des sociétés de production

La rencontre des deux mouvements, l'un vers la domination de l'économie financière et l'autre vers le changement du modèle de production, aboutit à ce que les problèmes internes des entreprises perdent de leur importance au regard de la crise financière et du chômage qu'elle a entraîné, et des transformations de l'économie mondiale. Au niveau le plus élevé, nous sommes aujourd'hui avant tout préoccupés par la menace que fait peser sur notre capacité de survie une économie incontrôlée. Nous sommes passés d'une croissance technique à la conscience d'un risque mortel induit par l'accélération de l'effet de serre, par le rejet dans l'atmosphère d'une quantité de plus en plus grande de CO_2, par le danger d'inondations de vastes régions côtières dues à la fonte des glaciers – même si celle-ci est plus lente que prévu –, et plus généralement par l'augmentation de la température et donc par le déplacement des zones climatiques. Ce qui nous a conduits à nous interroger sur la nécessité de renoncer à un mode de production et de gestion des biens qui avait été identifié au progrès. L'écologie politique acquiert du même coup une importance égale à celle de l'économie politique, et il apparaît qu'une telle mutation ne saurait s'opérer sans que soient prises des décisions au niveau global, et sans que l'on procède à un freinage de la consommation – tant dans les pays riches que dans les nouveaux pays émergents, en particulier en Chine –, qui soit compatible avec l'augmentation des ressources des pays les plus pauvres.

L'habitude que nous avons prise de chercher dans les

innovations techniques la cause principale des changements sociaux, et même politiques, mais aussi la solution au sous-développement ou au blocage du développement, doit être abandonnée. Les contradictions s'accumulent à mesure qu'on s'éloigne des politiques décidées à un niveau national, car les problèmes sont de plus en plus mondialisés, ce qui ne veut pas dire qu'ils sont plus faciles à résoudre, comme l'a montré l'échec récent de la conférence de Copenhague sur le climat.

Nous devons désormais gouverner la production et la consommation en prenant en compte les besoins et les possibilités de toutes les catégories d'habitants de la planète. Mais comment prendre des décisions qui rendent compatibles la croissance des pays pauvres avec la diminution des effets négatifs du mode de vie des pays les plus riches ? Depuis les réunions mondiales de Rio, Kyoto et Doha, nous nous sommes convaincus que tous les pays, y compris les États-Unis, doivent se soumettre à des décisions internationales. Et la crise actuelle nous invite à nous interroger sur les relations qui existent entre toutes ces nécessités : appellent-elles un processus général de changement ?

Il existe des liens entre la dépendance de l'entreprise à l'égard des marchés financiers, et la dépendance des individus réduits à n'être que des consommateurs dominés par l'offre du marché. C'est ainsi que le triomphe de l'économie financière a des effets dans tous les domaines de la vie personnelle et collective. La dépendance à l'égard des publicités et des politiques de prix est ressentie de plus en plus douloureusement par la majorité, qui se sent à la fois attirée et écrasée par ces campagnes. Dans la mesure même où les salariés n'ont pas la liberté de choisir leur travail, un nombre important d'entre eux sont exposés à des problèmes nouveaux qu'ils n'ont pas la capacité de gérer ou de résoudre. Suicides, abandons, maladies mentales témoignent de cet écrasement d'individus qu'on dit plus responsables et plus libres, et qui sont toujours davantage exposés à la stratégie des entreprises et des marchés. Ce qui contredit l'idéologie des « relations humaines », qui reposait sur l'espoir de réconcilier l'économie et les besoins personnels.

Ce que nous percevons en fait, c'est que le management expose de plus en plus de travailleurs désarmés aux attaques des marchés, et que la politique des entreprises consiste de plus en plus à se protéger des tempêtes en exposant à leur violence les travailleurs de première ligne, quel que soit leur niveau hiérarchique. Les entreprises ont conscience de leur faible capacité à agir sur les changements qui les affectent le plus directement. Et si les très grandes entreprises affichent parfois un bel optimisme, dans la mesure où elles ont le sentiment d'être protégées par l'État, les petites et moyennes vivent leur impuissance d'une manière aiguë. Elles s'efforcent de « serrer les boulons », c'est-à-dire de contrôler étroitement tous les aspects de leur fonctionnement. Le discours « humaniste », qui était à la mode au début de l'après-guerre a, par voie de conséquence, presque disparu, dans la mesure où les déclarations généreuses n'ont désormais plus aucune influence sur les décisions prises et sur les problèmes à résoudre.

Ce qui renforce l'hypothèse déjà présentée ici, à savoir que l'essentiel de la crise est, au-delà du krach, une mutation plus complète que celles que nous avons connues par le passé, puisqu'il ne s'agit pas seulement de modifications technologiques, mais plus encore de nouveaux rapports sociaux – qui exposent de plus en plus directement les travailleurs au stress que provoque la pression directe du marché. L'essentiel n'est donc plus dans la « bonne gestion » de l'entreprise, puisqu'en tout état de cause elle doit se soumettre aux besoins du marché. Parallèlement, l'idée ancienne du déterminisme technologique a disparu. Les recherches en vue d'augmenter la productivité gardent, certes, leur importance, mais elles sont devenues secondaires. Plus importante est la capacité d'une entreprise à se mobiliser dans un marché imprévisible.

L'entreprise, c'était avant tout un ensemble de machines et un budget ; c'est aujourd'hui un système confronté à des dangers multiformes, dont la dimension financière est dominante.

Cette mise en cause de la société industrielle centrée sur l'entreprise et son volontarisme a été débordée par une autre. Un grand nombre de livres et de déclarations proclament en effet que le travail est une notion dépassée, que nos sociétés seront désormais des sociétés de recherche et de communication. Quelques-uns osent même parler d'une société de loisirs et ont annoncé la disparition des ouvriers. Il ne faut pas davantage prendre pour argent comptant les idéologies qui vantent le travail comme l'activité la plus noble et la plus susceptible de former des êtres humains de grande qualité. Un tel discours n'a pour but que de réhabiliter la vision optimiste du capitalisme occidental. L'échec de l'URSS et des démocraties populaires encourage à célébrer les pays occidentaux qui, bien avant les autres, ont su élever leur production et leur productivité, et ont ainsi amélioré les conditions de travail et de vie des salariés. Or, il est évident que si le travail n'est pas devenu secondaire dans notre vie, le devenir de nos sociétés, dans un avenir immédiat, est plus directement menacé par les crises du système financier que par les conditions de travail des salariés. Ceux-ci sont avant tout des victimes, et on ne peut pas imaginer que la solution à la crise soit trouvée dans un retour à l'ouvriérisme, à l'éloge permanent du travail et des travailleurs.

IV

La décomposition de la vie sociale

La défaite de la conscience

Il est nécessaire de distinguer l'histoire d'une crise financière et économique de la transformation qui nous fait passer d'un type de société à un autre, comme nous étions passés au XVIIIe siècle en Grande-Bretagne, et au milieu du XIXe siècle en France et dans d'autres pays, d'une société préindustrielle à une société industrielle. C'est face à la perspective d'une transformation aussi importante qu'il faut élaborer nos hypothèses. Ce qui nous éloigne en apparence des questions qui passionnent la plupart des observateurs et le public : en sortirons-nous ? dans combien d'années ? à quel prix ? Personne ne peut aujourd'hui donner une réponse certaine à ces questions. Néanmoins, depuis deux ans, on a vu d'une part qu'il ne se produisait pas d'écroulement général, et d'autre part, l'élection de Barack Obama a accru nos espoirs en un changement positif. Il est vrai qu'en février-mai 2010, l'écroulement de l'économie grecque, premier signe d'une crise monétaire générale, a menacé grandement l'Europe qui, pourtant, a su réagir. Dans une crise, comme dans un ouragan, les intentions et les buts des personnages impliqués comptent peu. Il en va autrement dans le processus de création d'une nouvelle société.

Nous avons déjà parcouru la moitié du chemin : le passé

disparaît, nous nous en détachons. Il est donc plus facile de scruter les contours du monde qui vient.

Notre détachement d'un modèle économique en crise est déjà très avancé : nous n'entendons plus chanter la gloire du néolibéralisme, et celui-ci n'est plus triomphant. Nous avons découvert avec stupeur qu'un nombre impressionnant de grands dirigeants s'étaient comportés comme des voleurs – ou des escrocs. L'image des hommes qui dirigeaient les banques et les grandes entreprises, surtout aux États-Unis, s'est en peu d'années inversée. Ce qui ne signifie pas, bien sûr, que tous méritent l'opprobre. Tout s'est passé pendant quelques mois (ou quelques années) comme si le marché, dans lequel le libéralisme plaçait sa confiance, s'était transformé en une multiplicité de centres de décisions, souvent clandestins. Et les plus grandes banques cherchent aujourd'hui encore à défendre leurs avantages, malgré les vives réactions d'un public atteint par les effets de la crise.

Les néolibéraux ont voulu nous faire croire que les lois de l'économie s'imposaient à nous, que nous ne saurions avoir prise sur la conjoncture, et encore moins nous libérer de réalités « structurelles ». Or, ce sont précisément les défenseurs de ce déterminisme économique qui nous apparaissent aujourd'hui comme les principaux responsables d'une crise qu'ils ont largement déclenchée et développée en oubliant, au nom d'intérêts avant tout personnels, les besoins des entreprises qui doivent lutter en permanence pour survivre. L'économie financière s'est séparée de l'économie réelle, et celle-là a rompu ses liens avec la société dont elle devrait être indissociable. Nous avions rarement entendu parler jusqu'ici de trillions de dollars ou d'euros. Et c'est pourtant à cette échelle que les interventions ont dû s'opérer pour que la monnaie, congelée par la peur, se remette à circuler dans chaque banque et entre elles. Mais nous sentons bien qu'il n'est pas suffisant de condamner quelques responsables. Si l'importance de certains hommes peut être très grande, en particulier celle des gouvernants, et si l'opinion publique n'exerce pas au contraire une grande influence, car elle intervient trop tard, il est toujours possible aux gouvernements, comme l'a découvert Keynes, de reconstruire ce qui a été détruit ou ébranlé par l'action de quelques dizaines d'aventuriers et de quelques centaines de *traders* payés en centaines de milliers d'euros. Ces simples remarques visent à étayer l'hypothèse qu'il serait dangereux de concentrer notre attention sur les conséquences de la crise et sur la manière d'en sortir, quand ce que nous vivons affaiblit la société dans son ensemble, en fait une victime des financiers. C'est pourquoi il est urgent d'élaborer de nouvelles catégories d'analyse : autant la crise elle-même est un théâtre sans acteurs, autant la sortie de crise et la formation d'une nouvelle société dépendent d'initiatives qu'auront à prendre les gouvernements, ou qui seront imposées par les victimes elles-mêmes.

Le silence des partis et des syndicats

Comment se fait-il que dans nos pays, tout à la fois bien informés et démocratiques, les coups de tonnerre qui ont précédé la grande crise n'aient pas été entendus ? Pourquoi, alors que des crises sociales, des fermetures ou des délocalisations d'entreprises avaient provoqué depuis des années des réactions d'anxiété et de colère, dont certaines avaient été très violentes, personne n'a sonné le tocsin ? Il ne suffit certes pas de dénoncer les partis et les gouvernants ; il faut mettre aussi en cause les mécanismes qui ont empêché les militants comme les observateurs de bien comprendre la situation et d'agir. Prenons le cas italien. La crise de la gauche, du Partito Democratico (PD), crise qui peut s'aggraver encore, ne rend guère probable le réveil politique des Italiens. L'extrême gauche européenne, qu'elle soit d'origine communiste ou, comme Die Linke (« la gauche »), née d'une scission du parti social-démocrate allemand et renforcée par l'ancien parti communiste d'Allemagne de l'Est sous la domination soviétique, critique et tempête, mais n'a pas assez de force pour intervenir. Les syndicats reculent encore, et aucun système de protection contre la crise n'a été proposé.

La raison principale de la faiblesse des partis européens est qu'après avoir cru à la philosophie du progrès, qui était chargée de volontarisme, et même d'idéalisme, ils l'ont abandonnée après la Première Guerre mondiale et la Révolution soviétique. L'idée dominante devint celle de la crise générale, inéluctable du capitalisme, que seule l'action révolutionnaire était susceptible de dépasser en donnant un sens nouveau à l'idée de progrès. Ce qu'a bien exprimé le jeune Georges Friedmann dans *La Crise du progrès*, livre écrit quand il était encore proche du Parti communiste. En France, le rôle que devait jouer le syndicat dominant lui fut assigné par le Parti communiste, lui-même se conformant à la ligne fixée par Moscou. Un grand nombre d'intellectuels se rattachèrent plus ou moins durablement à cette vision dramatique qui soumettait les hommes aux oukases du Parti. L'URSS était sortie victorieuse de la guerre contre l'Allemagne nazie ; elle imposa sa volonté à la moitié de l'Europe, ce qui entraîna dans l'autre moitié une répression, plus ou moins forte selon les pays, contre le Parti communiste. Et celui-ci en tira une bonne partie de son prestige. La seconde moitié du XXe siècle, jusqu'à 1989, fut ainsi dominée par l'ambivalence des intellectuels à l'égard de l'idée communiste. Ils prétendaient rester fidèles à l'idéal révolutionnaire mais, celui-ci ne pouvant pas être réalisé, ils s'enfermèrent dans une critique systématique du monde occidental, menant à des attaques violentes contre son idéalisme qui cachait, disaient-ils, l'omniprésence de l'oppression exercée par la classe dominante.

Faute de pouvoir éliminer le capitalisme et les États-Unis, ils prirent pour cible l'idée même de *sujet* chargée de tous les crimes. Cet alibi de l'action révolutionnaire réussit à détruire l'action politique, dans un cadre démocratique fortement affaibli par cette présence du modèle communiste, impérieuse jusqu'à la fin du premier mandat de François Mitterrand. De là l'enthousiasme des étudiants et des enseignants pour un trotskisme qu'ils réinterprétaient de manière arbitraire, puis pour des philosophies sociales comme celle de Pierre Bourdieu, dont la notion d'*habitus* ne laisse qu'une maigre latitude à l'initiative des acteurs. Les philosophes en profitèrent pour tenir à l'écart les sociologues qui, eux, n'acceptaient pas l'élimination des acteurs.

Quand s'annonça puis éclata la crise, les forces qui avaient accompagné le mouvement révolutionnaire après 1917 avaient déjà été réduites au silence. Surtout après 1968, et après que le syndicalisme autogestionnaire eut jeté ses derniers feux en France en 1973 dans l'usine Lip. Les Lip furent les derniers à afficher leur volonté de mettre en œuvre une entreprise non capitaliste animée par la recherche, en partie chrétienne, d'un sujet révolutionnaire. La chute de ce modèle ancien fut plus dramatique en Italie où, après quelques manifestations dirigées contre les entreprises et leurs dirigeants, le terrorisme s'empara des organisations les plus proches du modèle révolutionnaire, ce qui aboutit aux « années de plomb », aux attentats, et finalement à l'assassinat d'Aldo Moro, ce démocrate-chrétien qui s'était mis en tête de parvenir à un accord avec les communistes.

Encore après 1989 et la chute du mur de Berlin, et surtout au moment de la grande grève de 1995, la faiblesse de la capacité révolutionnaire en France fut manifeste, nonobstant les appels à l'action lancés par *Le Monde diplomatique* et par Pierre Bourdieu. La peur de perdre son emploi n'explique pas complètement, loin de là, la faiblesse de l'action revendicative et critique. Les intellectuels postcommunistes avaient exercé une trop forte influence. Ceux qui leur résistaient ne purent agir, paralysés par leur marginalité, et ne parvinrent pas à l'emporter contre une pensée qui rendait l'action impossible. Le désastre économique et social de 2007-2009, dont les effets se feront encore longtemps sentir, vit les pertes s'accumuler, tandis que régnait un silence presque complet, aussi bien du côté des intellectuels que parmi les militants. Autant dire qu'une critique intellectuelle extrême, quand elle n'est pas relayée par un parti révolutionnaire, et quand elle ne fait pas aboutir les réformes, n'engendre que silence et impuissance.

La responsabilité des intellectuels

Ces observations, peu contestables en elles-mêmes, sont cependant insuffisantes pour expliquer le silence et l'impuissance des victimes et de leurs représentants politiques. Dans la crise actuelle, ce qui a sans doute le plus frappé les observateurs est l'absence de réactions au recul des salariés dans leur participation au revenu national. Mais comment expliquer une telle défaite de la social-démocratie ? Le contre-exemple des pays scandinaves montre que ce recul de la social-démocratie n'était pas inéluctable, et qu'il avait donc des causes sans doute plus politiques qu'économiques. Ce qui est corroboré par les protestations de quelques dirigeants sociaux-démocrates, comme en France Michel Rocard, qui insista pour nous convaincre que la faiblesse de plus en plus évidente de la social-démocratie tenait avant tout à son incapacité à assumer la défense des salariés. Le raisonnement est juste, mais le problème demeure : comment s'explique cette faiblesse ? Ce n'est pas par les erreurs et les déviations de tel ou tel dirigeant, comme Guy Mollet en France, qui n'hésita pas à prendre la direction de la lutte contre le FLN en Algérie.

Constatation qui n'apporte aucune solution à la crise actuelle, puisqu'elle se contente d'éclairer les racines de l'impuissance des principales forces sociales et politiques issues de la société industrielle à maintenir leur capacité d'action dans la société d'aujourd'hui. Il est évident que si nous voulons peser sur le monde en train de naître, il nous faut comprendre que le développement durable (*sustainable*) ne saurait être obtenu que par une action volontaire, et que celle-ci suppose de comprendre que ce n'est pas dans la reconstruction du passé qu'il faut placer nos espoirs, mais dans notre capacité à créer un monde nouveau.

Cette tâche n'est ni plus ni moins difficile que le fut le renversement des monarchies, la contestation du pouvoir industriel ou la reconnaissance du droit à la différence. Et pour l'assumer, il faut d'abord changer de point de vue et comprendre les évolutions qui produisent des changements à long terme bien qu'elles ne puissent pas résoudre la crise.

L'universel et le particulier

Pour entrer dans le nouveau monde, il faut mettre au jour les facteurs qui déterminent d'un côté la conscience pour tous d'appartenir au même moment historique, et de l'autre la volonté de chacun de défendre son identité, et donc sa différence. Ce thème est bien connu des sociologues. Pendant longtemps, ceux-ci se sont divisés en deux camps sur la question. D'un côté ceux qui croyaient à l'universalisme des Lumières et, de l'autre, ceux qui cherchaient au contraire à faire reconnaître la particularité, la spécificité de chaque groupe humain par rapport aux autres. C'est maintenant que nous découvrons – mais bien tard – que le particulier et l'universel ne sont pas opposés.

Nous sommes d'ores et déjà entrés dans un monde qui se caractérise par le fait que nous sommes tous égaux mais différents aussi. C'est à partir du moment où les cieux se sont vidés et où les prophéties des politiques ont toutes été démenties que nous sommes devenus conscients que nous avions inventé des images de nous-mêmes qui nous permettaient d'agir dans un monde où les droits des individus seraient reconnus comme universels. Et au moment même où certains pensaient en avoir fini avec le regard humain, nous entrions dans ce monde où l'action s'exerce sur un environnement que nous avons construit nous-mêmes. Aujourd'hui, c'est à l'intérieur de ce monde auquel nos projets, nos conflits et nos négociations donnent forme, que s'affirme l'universalité de notre condition d'êtres humains dotés des mêmes droits. Cette création d'un monde « humain » se heurte à la violence et au mépris des empires, mais elle affirme les droits de chacun, universels en cela qu'ils sont indépendants de la fortune, du pouvoir politique, de l'autorité religieuse ou du statut familial. (Ce qui ne veut pas dire que les êtres humains sont devenus en fait tous égaux, mais qu'ils reconnaissent mieux qu'avant ce qu'il y a de commun entre les individus et les groupes qui exercent des fonctions et occupent des niveaux très différents dans la vie sociale.) Les puissants, les pauvres et les sans-papiers vivent dans des mondes séparés, mais ils sont « égaux en droits », égalité proclamée par l'enseignement du Christ transcrit par les Évangiles, mais présente aussi dans les autres religions et dans la philosophie des Lumières à travers l'idée de la laïcité.

Bref, l'espace humain où nous sommes entrés traduit une exigence d'égalité qui ne cesse d'étendre le droit de vivre à toutes les catégories sociales de la planète, ce dont témoigne la sensibilité du plus grand nombre aux luttes humanitaires menées par ceux qui ne prennent pas leur parti des inégalités qui frappent certains à la naissance et qui ne cessent de s'étendre tout au long de la vie.

Combiner l'égalité et la différence n'est pas un problème simple à résoudre, mais celui-ci est présent au cœur de nos croyances et exerce désormais une grande influence sur nos pratiques, et notamment sur nos pratiques sociales.

Est-ce la fin de la société qui s'annonce ?

Il est vrai qu'à défaut de sociologues, les écrivains et les journalistes des siècles passés avaient révélé à tous la misère des enfants, la brutalité de leurs employeurs comme de leur père, le nombre important de crimes pédophiles impunis, etc. L'amélioration du niveau de vie de la majorité dans certains pays a contribué à réduire ces souffrances, mais la soif de consommation a poussé les pauvres à rejeter très au-dessous d'eux les très pauvres pour se distinguer d'eux. S'il est devenu difficile ou même impossible de parler de classes sociales, ce n'est pas parce que les rapports sociaux et professionnels se sont adoucis, mais parce que les grandes catégories sociales se sont fragmentées en groupes plus réduits, entraînant non seulement une différenciation entre elles, mais aussi des conduites opposées. Surtout, des catégories comme les travailleurs immigrés suscitent le rejet d'une partie de la population.

Chacun de ces mots voudrait inviter à se défier du vocabulaire qui fut celui du XIXe siècle et des dirigeants des premières organisations ouvrières. Quel rapport y a-t-il entre les ouvriers qualifiés, dont beaucoup sont devenus en fait des techniciens, les salariés non qualifiés atteints par le chômage, et la masse croissante de celles et de ceux qui sont enfermés dans l'exclusion et la précarité ? Cette dernière catégorie représente presque toujours plus de 10 % des actifs dans les pays industrialisés et, quand s'abattent sur l'emploi des crises comme celle que nous vivons, ce chiffre s'élève rapidement jusqu'à 15, 18 ou 20 % de la population. Entre ces catégories, la diversité est grande, et il est donc impossible de se représenter la société comme une pyramide dont tous les étages seraient dotés de caractéristiques fortement marquées. Un demi-siècle à peine après la période de reconstruction qui a suivi la fin de la Seconde Guerre mondiale, la crise économique, la montée du chômage, l'inadaptation de l'enseignement général et professionnel font apparaître la vie sociale comme un terrain bombardé par la pauvreté et par l'impuissance, qui s'étale au cœur même de bien des systèmes politiques – à gauche comme à droite.

La société n'existe plus. Si cette phrase que j'ai si souvent prononcée est plus facile à comprendre maintenant, c'est que les différences et les rapports entre groupes ne permettent plus d'apercevoir ces grands ensembles qu'on appelait jusqu'alors des classes sociales, et qui correspondaient à des modes de vie et de relations sociales spécifiques. Il faut donc désormais nous tourner vers d'autres classifications des faits observables, qui puissent nous rendre compte des éléments positifs, mais tout autant négatifs, qui s'aperçoivent à tous les niveaux de l'organisation sociale. Depuis vingt ans, on a moins parlé du triomphe des *executives* (directeurs) que de leur chute, quand leurs compétences technico-économiques furent écrasées par le pouvoir massif de l'argent, par l'augmentation des inégalités, au moins aux États-Unis. Les changements ont été si rapides que même les catégories qui semblaient les mieux enracinées, celles qu'on appelle les professions, et qui n'étaient plus seulement « libérales » (médecins, professeurs, professions juridiques, cadres et même cadres supérieurs des entreprises), se sentent en chute libre, comme en témoignent en France le mécontentement et les manifestations de plus en plus nombreuses et radicales des enseignants comme des soignants dans les hôpitaux et de nombre de travailleurs de la fonction publique. Autant il faut admettre que les contraintes imposées par le pouvoir, les mœurs et les croyances se sont affaiblies ou ont disparu, autant il faut accepter la justesse de nombre de plaintes présentées par les défenseurs de l'ordre ancien, lorsqu'ils dénoncent la violence, les ruptures familiales, les crises psychologiques, l'augmentation des crimes et des délits, qui vont de l'« incivilité » aux attaques à main armée et au meurtre. Le relâchement des liens sociaux nous donne l'impression d'être emportés par une tornade que nous ne savons pas écarter.

Il n'y a pas à choisir entre la perspective d'une libération obtenue par la lutte et cette insécurité qui ouvre la voie à la répression. Ce sont de nouveaux critères d'évaluation dont nous avons besoin.

Le besoin d'argent est dominant chez ceux, très nombreux, qui vivent dans le chômage ou la pauvreté. Mais tous, salariés comme exclus, souffrent d'un manque de communication – ou même d'intimité. On se plaît à opposer à la qualité des relations intimes et au goût des grandes œuvres culturelles cette « culture de masse » dont on a si longtemps parlé sur un ton méprisant en l'opposant à la « haute culture ». Ceux qui pensent ainsi ne comprennent pas le monde où nous vivons, car leur imaginaire personnel est davantage rempli de personnages de films ou de théâtre que de parents plus ou moins éloignés, d'amis de passage ou d'anciens camarades d'école. Or, c'est précisément ce type d'expérience qui permet d'atteindre le plus grand nombre, de découvrir ce qui est en fait le contraire d'un type social, à savoir cet ensemble de figures à travers lesquelles nous apprenons à découvrir la présence en nous du sujet humain. Ce qui se substitue par là à la hiérarchie dont était fait le monde ancien, c'est la capacité (présente ou absente) de chaque individu à respecter le sujet en lui-même et dans les autres. Le héros amoureux a souvent été présenté comme celui qui prétend s'affranchir des limites de l'interdit, et qui succombe par impuissance à traverser les barrières sociales ou géographiques qui opposent l'épaisseur du collectif à la fragilité de l'individuel. Mais ces mots mêmes accordent trop vite la victoire aux normes collectives. Aujourd'hui, c'est par l'expérience individuelle que nous pouvons parvenir à découvrir ceux qui nous feront le mieux nous comprendre nous-mêmes et nous rendront davantage capables de découvrir l'Autre.

Le développement rapide de la culture de masse entraîne, dit-on, la dissolution ou l'affaiblissement des cultures de milieux particuliers – et surtout des cultures nationales, régionales ou professionnelles. La réalité observable est bien différente : la plupart des pays ou des régions connaissent une culture nationale très spécifique. La culture de masse se développe surtout là où ces cultures particulières sont affaiblies, par exemple dans les grandes métropoles. Il n'y a aucun paradoxe à affirmer que le développement de la culture de masse va de pair avec une individualisation des pratiques culturelles. Les cultures socialement définies deviennent plus faibles que les relations interpersonnelles et que les grandes images portées par des technologies nouvelles dont le caractère de masse accroît la possibilité de pénétrer au plus profond de l'expérience et de l'imaginaire collectifs. La culture de masse a un impact de plus en plus large, mais établit aussi des liens plus étroits avec l'expérience personnelle, comme le montrent les usages d'Internet. Ce qui n'empêche naturellement pas cette culture de masse de charrier avec elle des « produits » d'un niveau très bas, et qui sont de plus en plus largement diffusés.

Depuis longtemps déjà, le contresens opéré par ceux qui croient voir dans la culture de masse un appareil de protection des privilèges et de destruction de la capacité d'agir des adversaires du pouvoir a été renversé par les sociologues, depuis Paul Lazarsfeld. Ces sociologues ont montré la complémentarité entre, d'une part, l'universalisme des Lumières, et, d'autre part, la particularité de toutes les formes d'émergence du sujet dans des situations particulières, individuelles ou collectives. Il faut se débarrasser une fois pour toutes de l'opposition stérile entre haute culture et culture populaire, dans la mesure où on découvre dans les plus grandes œuvres des thèmes qui, grâce aux instruments modernes de diffusion, ont pu se répandre sur toute la terre.

V

Le profit contre les droits

Si la crise, ses causes et ses conséquences pouvaient être entièrement expliquées en termes de conjoncture, on pourrait se limiter à rechercher les conditions de la sortie de crise.

Mais cette vision est manifestement trop étroite, comme l'a dit avec force Robert Reich, ancien ministre du Travail du président Clinton. Pour lui, ce n'est pas une crise cyclique mais systémique qui nous frappe.

Le sociologue pense, lui aussi, que nous sommes aujourd'hui confrontés à autre chose qu'une simple crise de conjoncture. Et s'il s'agit de résister efficacement à une menace de destruction, nous avons besoin de nous appuyer sur un principe suffisamment fort pour nous mobiliser contre la toute-puissance du profit : seul un principe, non seulement social mais moral, peut résister à la puissance de l'argent. Les réformateurs, comme les révolutionnaires, le savent depuis toujours.

Comment se défendre ?

Ce que nous savons déjà, c'est que la crise est globale, qu'elle détruit tous les intérêts particuliers et impose à tous la loi impersonnelle du profit maximal. C'est *au-dessus* du monde social qu'il faut donc découvrir une force de résistance à un pouvoir qui émane lui-même de forces qui détruisent la vie sociale et politique : la globalisation de l'activité économique et la logique du profit.

Ceux qui l'ont les premiers compris sont les *altermondialistes*, mais ils n'ont pas été au-delà d'une critique économique et n'ont proposé aucune solution.

Ceux, plus modérés et plus réalistes, qui en appellent au « développement durable », ont suivi Al Gore dans sa dénonciation de ce qui menace la vie sur la planète. Mais ils ont toujours prétendu s'en tenir à la mobilisation des émotions et des idées qui, disent-ils, peuvent seules mobiliser la résistance aux forces de destruction. Des deux côtés, en tout cas, on se place au-delà, au-dessus du social.

S'élever au-dessus des aspects proprement sociaux de la crise ne signifie pas que l'on considère toute intervention humaine comme impossible mais, ce qui est bien différent, que toute représentation juste des êtres humains et de leurs droits ne peut plus reposer sur un contenu exclusivement social. Ce qu'ont toujours su les religions, portées par une logique qui réduit à peu de chose l'intervention des êtres humains, dans la mesure où elle projette le principe de défense des droits humains le plus loin possible dans le temps et dans l'espace. Pour elles, ce sont des forces « suprahumaines » qui, seules, peuvent « soulever les montagnes » et résister à la logique de l'intérêt. Il faut accepter avec elles une image non entièrement sociale des êtres humains et nous débarrasser des facilités du positivisme.

Nous avons déjà fait l'expérience des combats entre deux forces opposées qui n'étaient sociales ni les unes ni les autres, la première relevant de la rationalité instrumentale, l'autre de l'esprit de résistance. La disparition du social, à ce niveau le plus élevé, laisse face à face la logique du *calcul* et celle de la *conscience*, qui refuse d'être réduite à des besoins matériels, et qui affirme de plus en plus nettement que les principes, les règles, les formes d'organisation de la société doivent être légitimés par leurs effets sur cette conscience de soi. Notre monde est ainsi dominé par l'affrontement de deux principes dont *aucun n'est social*, mais dont on peut dire que l'un est « naturel » et l'autre « spirituel », c'est-à-dire qu'il repose sur la conscience des êtres humains de posséder des droits et de connaître leur raison d'être. Est-ce à dire que l'individu est une invention des dieux ? Non. Ce sont au contraire les dieux qui sont des inventions des hommes, en tant que représentations de leurs droits fondamentaux qui sont supérieurs à l'organisation sociale. Les images anthropomorphiques nous sont de plus en plus inutiles, puisque la situation actuelle est celle de l'introduction dans un être individuel ou collectif des droits qui sont ceux du sujet humain, et qui apportent à l'individu empirique ses droits et ses conceptions du Bien et du Mal. La démarche des religions et celle de la pensée morale contemporaine sont ainsi parallèles et opposées mais non contradictoires. Et si l'idée de sujet ne saurait être considérée comme une forme moderne de l'esprit religieux, on peut dire que les *religions* sont des formes « voilées », extériorisées, projetées au loin, du sujet.

Les régions de tradition chrétienne ont compris plus facilement que les autres la double face de chaque être humain, conçu à l'image du Dieu fait homme et de l'Homme-Dieu. C'est le recours à de telles formules qui explique pourquoi les chrétiens ont été les principaux fondateurs de la moralité moderne. Ils ont trouvé à l'intérieur de l'individu, bien qu'il soit largement dominé par des besoins naturels, le Sujet, pour eux figure du Dieu créateur. Ce retour de l'être humain sur lui-même, et donc l'élimination des formes indirectes, « voilées » du sujet, a permis au monde moderne (à certaines de ses parties au moins) de prendre conscience de l'opposition directe qui existe entre les logiques naturelles matérielles, d'un côté, et la logique de la conscience, de l'autre. Car celle-ci conduit le sujet humain à se reconnaître comme porteur de sa propre légitimité et garantit à l'individu des droits qui deviennent des droits universels.

La disparition du social ne nous a pas enfermés dans un monde de besoins et d'actes individuels de « pure réalité », comme le dit Jean Baudrillard pour la critiquer. Au contraire, nous avons été de plus en plus entraînés à placer l'individu menacé à l'abri de l'individu-sujet, créateur de ses propres valeurs dans ses conduites individuelles et collectives.

Pourquoi considérer irréelle l'idée que les dieux se sont transformés en hommes – des hommes qui découvrent en eux-mêmes leur double nature d'individus et de sujets, et qui font entrer dans leur existence individuelle leurs droits de sujets humains ? Les religions doivent à tout prix être désocialisées, séparées des pouvoirs économiques et politiques, ethniques ou génériques auxquels elles ont été liées. Car c'est lorsque les significations sociales des religions disparaissent que celles-ci apparaissent le mieux dans leur inspiration non sociale. Elles sont alors reconnues comme des formes « voilées » des droits universels des êtres humains.

Cet universalisme, nous le savons bien, émerge au débouché de chemins toujours très divers. Et s'il n'est qu'*une modernité*, il y a *beaucoup de chemins vers la modernisation*. Quoi qu'il en soit, l'histoire moderne de la moralité est avant tout celle du recul du sacré, qui fait place à la création de l'homme par lui-même, à la conquête par chaque individu des droits universels, des droits des êtres humains – ces droits qui constituent les ordres du Bien et du Mal.

L'usage de la morale

Pourquoi ne pas revendiquer l'usage de la morale, enrichie par la notion d'éthique, lorsque les principes de la morale doivent être appliqués à des situations particulières ? Les concepts d'égalité, de justice et de solidarité constituent pourtant l'essentiel des systèmes politiques et juridiques, qui sont eux-mêmes des éléments fondamentaux de la vie démocratique, car rien n'est plus dangereux, nous le savons bien, que de soumettre les décisions d'ordre juridique à l'intérêt et à l'orgueil des princes. L'exercice du droit doit, au contraire, améliorer le plus possible la situation des dominés, dans le respect du rôle des dominants, pourvu qu'il ne porte pas atteinte aux droits de tous. Depuis un demi-siècle, nous avons parcouru un long chemin sur cette voie. Au lendemain de la Seconde Guerre mondiale, la Déclaration universelle des Droits de l'homme, préparée à l'initiative d'Eleanor Roosevelt et rédigée par les Nations unies sous l'influence de René Cassin, se voulut d'abord comme un instrument de lutte contre les totalitarismes et les violences multipliées par la destruction de toutes les formes antérieures de contrôle des conduites. Mais à mesure que les droits concrets étaient davantage foulés aux pieds, on a vu s'affirmer la défense de droits de plus en plus définis comme éthiques : les droits des malades, ceux des prisonniers ou des minorités nationales, religieuses ou ethniques, les droits des homosexuels et d'autres groupes qui pratiquent des formes de relations sexuelles encore rejetées par la loi. Dans tous ces domaines de la vie, des intérêts moraux se sont imposés, sans pour autant parvenir à renverser le pouvoir des puissants, mais en donnant de nouvelles formes à la défense des droits de tous. On a pu discuter, ou même rejeter, le droit d'*ingérence* tel qu'il a été défendu par Mario Bettati et Bernard Kouchner. Il n'empêche que ce débat a fait accepter l'idée que la souveraineté nationale a des limites, et qu'elles sont franchies lorsque des atteintes aux droits fondamentaux sont commises à l'intérieur des frontières de cette nation. Il existe de plus en plus de principes éthiques et moraux qui transforment ceux qui ne les respectent pas en criminels que, dans certains cas particulièrement graves, nous devons condamner en tant qu'auteurs de massacres, voire de génocides.

Le but à atteindre, il faut le dire aussi fortement que possible, est de séparer les droits humains fondamentaux des idéologies sociales. Le pouvoir temporel et le pouvoir spirituel se sont de plus en plus éloignés en Europe occidentale et en Amérique du Nord, jusqu'au brutal retour en arrière qu'a signifié l'apparition des régimes totalitaires. Il faut aujourd'hui attaquer le plus vivement possible ceux qui confondent le droit et l'autorité sociale, en installant le recours aux Droits de l'homme au plus près possible de la vie quotidienne. Les comités d'éthique, les assemblées populaires ont raison, quand ils posent la reconnaissance de leurs crimes par les coupables comme la condition préalable à leur demande de pardon aux victimes. Les ONG, les groupes de pèlerins ou de recherche de soi gagnent en importance et en influence, alors même que les grandes institutions religieuses continuent de perdre une grande partie des leurs. Peu à peu, la conscience est placée au-dessus de la loi, et la loi au-dessus des intérêts et des identités. On ne peut certes pas dire pour autant que la morale l'emporte de plus en plus sur la puissance, mais plus simplement que le jugement moral se rapproche de plus en plus des conduites individuelles. Les décisions les plus pratiques se séparent ainsi des principes et des lois. Illustrent cette tendance les protocoles d'éthique médicale clinique, qui s'élaborent auprès du lit du malade pour que les décisions prises tiennent le plus grand compte du jugement de tous, des malades comme de leur famille.

Cette montée en puissance des jugements et des comportements éthiques ne transforme pas notre société en jardin d'Éden, car plus le Bien et le Mal sont reconnus comme critères de l'action présente, et plus nous sentons la présence hostile de l'opinion autour des dirigeants qui sont menacés par le jugement éthique. Nous sortons d'un XXe siècle bouleversé par les guerres, les dictatures et les régimes totalitaires, et cette affirmation de l'éthique nous apparaît donc comme une sorte de revanche de l'histoire, car l'appel aux droits humains entre presque immanquablement en conflit avec l'orgueil des dieux et des rois. Que nous sommes loin de l'idée naguère si facilement partagée que les guerres ne sont que l'effet des conflits d'intérêts dans un monde sécularisé ! Et comment pourrions-nous accepter une vision aussi superficiellement optimiste, maintenant que tant de parties du monde ont été ravagées par les guerres et les massacres de masse ? Ceux qui se sont réjouis d'être débarrassés de toutes les formes de sacralité et de principes religieux ont été aussitôt démentis par la réalité historique. La présence presque permanente de la guerre, des massacres et des tortures nous a contraints à associer la définition moderne des droits à une conception des individus non plus comme des êtres sociaux, mais comme les porteurs de droits universels. Plus l'individu est engagé dans des conflits, et plus le vide social et la perte des normes et des valeurs sociales nous invitent à définir l'espace de ces conflits en des termes presque opposés à ceux dont nous nous sommes longtemps satisfaits. La *sécularisation*, en ce sens, ne signifie pas l'élimination des dieux et du sacré ; elle nous oblige au contraire à nous engager de plus en plus directement dans des luttes où la puissance « globalisée » des intérêts et du pouvoir combat les êtres humains qui ne peuvent compter que sur eux-mêmes pour affirmer et faire respecter leurs droits. Il ne s'agit pas d'un retour en arrière, mais d'une avancée à laquelle nous contraignent des avenirs plus chargés encore de catastrophes possibles que ce que nous avons vécu dans le passé. C'est autour de villes en feu que nous cherchons ceux et celles qui se sentent porteurs des droits universels du sujet humain. Cette vision ne doit en aucun cas nous écraser, comme si nous étions trop faibles pour lutter contre les monstres. Les tenants du Bien se sont renforcés au moins aussi vite que les responsables du Mal. Chacun de nous, en même temps qu'il se sent en danger, est toujours plus conscient de la résistance qu'il doit opposer, seul ou avec les autres, aux tempêtes déclenchées par les puissants.

Peut-être n'a-t-on jamais vu dans l'histoire autant de bourreaux et de bûchers qu'au XXe siècle, mais il est tout aussi vrai que ce siècle a fait apparaître au moins autant de combattants volontaires, de héros et de martyrs que les siècles passés.

Comment mobiliser les victimes de la crise ?

Les grands combats d'aujourd'hui se mènent donc au nom des Droits de l'homme ou contre eux, et non plus pour instituer telle forme ou telle autre de propriété et de pouvoir.

Ceux qui ont pensé que la globalisation et la masse énorme des capitaux en jeu signifiaient l'impossibilité pour les victimes de se défendre contre les nouveaux maîtres du monde se sont trompés. Il est vrai que, dans un monde en mouvement accéléré, la défense des acquis et des frontières est vouée à l'échec. Mais elle ne l'est pas s'il s'agit de conquérir des droits, de mobiliser des ressources pour les consacrer au respect des droits humains, sans pour autant menacer la survie d'une entreprise ou d'un État. Il n'y a rien d'artificiel ou d'élitiste dans ce discours, car il introduit directement à des débats sur les missions de l'école, sur les rapports des hommes avec les machines et les modes de gestion, sur le rôle de la libération des femmes ou encore sur la forme des villes et sur le renouvellement de la démocratie.

Toute analyse doit accorder une place centrale aux conflits. Il n'est pas suffisant de rechercher l'équilibre entre des intérêts opposés, et il serait ridicule de proposer que le salaire et les profits soient à parité. La domination, la destruction des avoirs et des êtres ne peuvent être limités ou éliminés que par des actions massives, depuis le mouvement des idées jusqu'aux interventions de l'État.

Certains objectent à cette perspective qu'elle est par trop générale et trop lointaine, en un moment où l'essentiel est de remettre en marche le système financier, puis de relancer la machine économique et de repartir à l'assaut de l'emploi, ce qui, reconnaissent-ils, sera plus long à mettre en œuvre. Mais nous ont-ils fourni la recette pour éviter les crises et, quand elles se produisent, pour guérir les blessures qu'elles infligent ?

Que de tels objectifs en matière de défense des droits de chacun imposent une meilleure gestion, des prévisions plus exactes, des aides publiques bien gérées, est certain. Mais ces remèdes ne seront jamais administrés s'ils ne sont pas exigés par le plus grand nombre et par les principaux courants d'opinion.

Il n'est pas question, bien sûr, d'en rester à des généralités indolores. Nous voulons, au contraire, désigner les forces susceptibles de faire reculer le profit, parce que c'est lui qui détruit les cultures et les individus, abandonne les pauvres et les exclus, tous accusés d'entraver la course au profit maximal. La lutte pour les droits sociaux est parvenue à limiter l'arbitraire des employeurs ; la lutte pour les droits culturels n'est pas encore parvenue à ses fins ; mais elle n'en est pas moins nécessaire.

Au début d'une crise, de tels propos sont inaudibles. On ne demande aux économistes et aux gouvernants que de réussir à stopper la crise et à remettre en mouvement les moteurs de l'économie. Mais quand la catastrophe semble moins inévitable, tous se tournent de nouveau vers l'avenir, car les bons experts pensent que notre monde ne survivrait pas à une nouvelle crise du même type. Il est donc temps de battre tambour pour mobiliser tous ceux qui prétendent combattre la menace.

Sorties de crise

Au plus fort de la crise, au moment où le gouvernement américain décida de ne pas empêcher la chute de la banque Lehman Brothers, faut-il rappeler que c'était le président George W. Bush qui exerçait le pouvoir aux États-Unis, conseillé en matière économique par le président de la FED, Ben Bernanke, successeur d'Alan Greenspan, et par le département du Trésor ? Jusqu'à la fin, le président Bush voulut rassurer les Américains en minimisant la gravité de la crise et en exprimant sa certitude qu'elle serait vite surmontée. L'opinion américaine, et donc mondiale, n'a pas reçu d'analyse officielle des causes de la crise, qui put être considérée par beaucoup comme l'éclatement d'une nouvelle « bulle » : après celle des nouvelles technologies, celle des crédits hypothécaires accordés malgré des garanties insuffisantes. La catastrophe qui frappa des millions d'Américains et leur fit perdre leur logement ne fut pas reconnue par le pouvoir politique comme une crise nationale, porteuse des plus graves conséquences. Pour reprendre la formule imagée de Joseph Stiglitz, Wall Street ne se préoccupait pas de Main Street, c'est-à-dire des Américains moyens. Au même moment, il en allait de même en Grande-Bretagne, touchée plus gravement encore, et dont le gouvernement était pourtant Labour (« travailliste »).

Quand Barack Obama arriva au pouvoir en janvier 2009, il se trouva confronté à une situation très dangereuse : la crise et la paralysie bancaire risquaient d'entraver l'économie de production asphyxiée par le manque de crédits et d'investissements.

Certains, comme Joseph Stiglitz lui-même, qui avait joué un rôle important auprès de Bill Clinton, ont alors reproché au président Obama de s'être soumis aux intérêts des grandes banques, pourtant responsables de la crise, et qui ne voulaient même pas envisager de réduire les bonus considérables qu'elles accordaient à leurs dirigeants. Mais il fallait répondre à l'urgence et empêcher le renouvellement des événements de 1929, quand le chômage avait brusquement jeté dans la pauvreté extrême une grande partie des catégories moyennes et populaires. En outre, comme les grandes banques et les grandes entreprises aidées s'acquittèrent rapidement de leurs dettes par peur d'être nationalisées de fait, ces prêts massifs produisirent des intérêts susceptibles de permettre au gouvernement d'aider les petites banques locales qui finançaient les PME et de soutenir l'emploi.

Mais il serait faux pour autant d'accuser la Maison-Blanche d'être au service de Wall Street ; en fait, la crise financière, fruit d'une longue série d'erreurs et surtout d'une pensée économique incapable de saisir la réalité, laissait peu d'espace d'initiative au gouvernement.

Le bilan de la première année de gouvernement de Barack Obama, au-delà de mécontentements symbolisés par la perte du Massachusetts par les démocrates, est marqué par le ralentissement de la crise – qui reste cependant assez forte pour que l'Américain moyen n'ait pas encore retrouvé son niveau de vie du début du siècle, pour que le nombre des victimes de la crise des *subprimes* se compte encore en millions, et que les nouveaux « succès » des banquiers aient contribué fortement à accroître les inégalités dans le pays. Trait négatif qui caractérise aussi la Grande-Bretagne. En Europe occidentale, l'Allemagne se distingue du lot, au point d'être critiquée par ses partenaires : n'a-t-elle pas imposé, pendant de nombreuses années, des salaires relativement bas à ses travailleurs pour mieux développer ses exportations, gênant ainsi ses partenaires-concurrents ? Les pays du continent sont nombreux à plier sous le poids de la dette. Le sauvetage indispensable de la Grèce, victime de sa mauvaise gestion, a ainsi provoqué de fortes tensions entre les pays européens et, peu après, la gravité de la crise portugaise a encore accentué l'affaiblissement de l'euro, redescendu à 1,20 par rapport au dollar. Ce qui n'est d'ailleurs pas entièrement mauvais pour l'ensemble de l'Europe, qui se plaignait jusqu'alors de la sous-évaluation du dollar (comme du yuan).

Considérée globalement, l'Europe est de plus en plus paralysée par l'image de son propre déclin historique, qui se trouvera accéléré par la croissance (très faible) annoncée pour l'ensemble de la décennie. Le nouveau système de gouvernement de l'Union européenne contribue à renforcer cette impression d'impuissance, qui trouble douloureusement les Européens eux-mêmes, et surtout ceux d'entre eux qui ont déjà appris à penser à l'échelle du monde. La deuxième partie de ce livre voudrait contribuer à leur redonner espoir.

Lecture de Joseph Stiglitz

Joseph Stiglitz a été l'un des rares économistes à avoir prévu la grande crise qui a culminé en 2008, mais qu'il voyait se préparer depuis les années 1970 et la chute des États-Unis et du monde dans ce que son éditeur français a appelé *Le Triomphe de la cupidité*, titre qui prive de sa force le titre original du livre publié par Norton à New York au début de 2010 : *Freefall* (« chute libre »). Titre désespéré, d'autant plus que la seconde partie du livre est consacrée à recenser les problèmes principaux posés à notre monde : insuffisance de la demande globale, difficulté à encadrer le système bancaire, à transformer l'économie mondiale pour assurer une meilleure allocation des ressources. En d'autres termes, lutter contre la pauvreté, la spéculation et la domination du monde par l'argent.

Dans son analyse de la crise, il identifie les acteurs, et donc les responsables, et condamne avec une force qui peut sembler excessive Barack Obama et ceux qui, autour de lui, ont eu la tâche de redresser l'économie et qui n'y sont pas parvenu avant tout parce qu'ils sont restés prisonniers (presque autant, dit-il, que les responsables de la crise) de la domination des financiers, dont les graves erreurs ont mobilisé toutes les ressources de l'État et qui ont repris rapidement leur jeu mortel. Mais quand il est question d'envisager les voies de passage du Mal au Bien, les acteurs sortent de leur champ d'intérêt et l'économiste semble se donner pour seule mission de dire la vérité – mission admirable, cela va de soi, mais qui laisse sans réponse la question posée au départ : d'où vient le Mal ? Pourquoi les États-Unis se sont-ils jetés dans une politique de mensonges et d'irresponsabilité, épuisant leur épargne, accumulant les dettes, et pas seulement du gouvernement, mais aussi de millions de familles ?

Il est nécessaire, mais non suffisant, de mettre en cause le maestro et son élève, Alan Greenspan et Ben Bernanke. Pourquoi le Congrès, les intellectuels, les médias et les syndicats n'ont-ils pas crié au feu ? La raison de ce silence et de ces erreurs est que les grands principes et les idées justes ne pèsent pas lourd face aux actes qui flattent la population, heureuse de vivre au-dessus de ses moyens et pleine d'orgueil à l'idée de dominer le monde, alors qu'elle participe depuis longtemps déjà à préparer l'explosion de la nouvelle bulle, celle des *subprimes*, qui s'apprête à mettre le feu aux poudres. L'économiste, quand il est aussi remarquable par ses connaissances que par l'esprit de justice qui l'anime et son souci des plus faibles, semble inexorablement conduit à faire ce qu'on reproche si constamment aux sociologues : opposer des idées à des forces, des principes à des stratégies, des idéaux à des intérêts.

De là l'effort fait ici pour définir, malgré les difficultés de la tâche, les acteurs et les catégories d'actions susceptibles de favoriser ce qui pourrait annoncer la sortie de crise, et qui ne saurait se réduire à l'opposition du Mal et du Bien, quand bien même celui-ci serait défini avec précision dans son contenu.

Ces interrogations prennent tout leur sens parce qu'elles visent à interpeller un très grand économiste, J. Stiglitz, le plus clairvoyant de tous, sans doute. Lorsque l'on étudie les œuvres d'économistes moins profonds et moins illustres, on ne peut que constater leur silence lorsqu'il est question de la sortie de crise.

Au fond, mon insatisfaction à la lecture de Stiglitz s'explique essentiellement par l'absence des acteurs dans son schéma d'analyse. Or, la seule réponse qu'on puisse trouver aux interrogations que je viens de poser passe par l'agitation d'idées, en pleine conscience que la création d'une économie et d'une société n'est jamais commandée par les faits eux-mêmes, dans la mesure où ceux-ci ne sont pas plus stables qu'un mirage.

Ne cherchons plus dans l'économie le principe de construction de la société. Nous ne pouvons même plus nous contenter de l'idée de « rationalité limitée », qui a pourtant généré tant d'analyses, de Michel Crozier à Herbert Simon. Joseph Stiglitz nous convainc d'ailleurs de l'inefficacité des compromis et des demi-mesures. C'est même ce qui fait de son œuvre l'une des plus belles contributions à une nouvelle approche des acteurs. Mais là s'arrête son ambition.

C'est pourquoi, de mon côté, j'ai placé au centre de l'analyse l'idée que, dans les situations dominées par la globalisation, le seul principe sur lequel puisse être bâtie une organisation sociale est non pas l'individu et ses besoins, mais le *sujet* et ses droits – le droit des êtres humains à être reconnus comme juges de leurs propres choix, c'est-à-dire à être reconnus comme des sujets porteurs de droits. Seul le sujet conscient de ses droits peut s'opposer à la toute-puissance de la globalisation et au néolibéralisme qui a soumis l'économie et les êtres humains au marché, cette instance supposée plus rationnelle que les décisions émanant des personnes et des institutions.

Mais l'idée de sujet ne se réduit pas à celle de la défense des Droits de l'homme. Elle est formée de tout ce qui est reconnu comme universel dans l'être humain, à commencer par la raison, qui définit la vérité en dehors des idéologies religieuses ou politiques, de l'expérience vécue et des traditions. Or, la vérité est surtout apportée par la science, dont les découvertes sont toujours enrichies par d'autres scientifiques.

C'est pourquoi la création technique et scientifique de méthodes et de produits nouveaux doit être au cœur d'une politique du sujet. À l'heure où la globalisation des marchés apparaît à beaucoup comme le principe même de l'économie, il est nécessaire de rappeler que l'innovation a apporté à l'économie plus de ressources que l'accumulation du capital. Et loin de réduire les États-Unis à n'être que le lieu d'un néolibéralisme sans acteurs, il faut rappeler que ce pays est aussi, et de très loin, le plus grand inventeur et le plus grand créateur de méthodes et de produits. De nombreuses critiques ont été adressées à la notion schumpétérienne d'entrepreneur, mais elle a le mérite de conférer une place centrale à l'invention et à la création dans l'analyse économique.

Les modes d'analyse et d'évaluation en ces domaines se développent autant en opposition ouverte avec les effets de la globalisation que dans la recherche d'un compromis entre les droits humains et la création économique. Ce serait tomber de Charybde en Scylla que de prétendre construire une société sans référence à ses activités économiques, puisque celles-ci sont précisément les instruments de création du monde social nouveau. La vie économique et la vie sociale ne pourront être sauvées qu'ensemble, et dans la mesure où les acteurs le voudront.

N'oublions pas que le recours à des principes supérieurs susceptibles de résister aux logiques internes de la globalisation et de l'hégémonie du capital financier n'a de sens que si ces principes sont transformés en normes et en modes d'organisation dans tous les domaines de la vie sociale, aussi bien dans le travail et la production qu'à l'école et dans la famille. Et en matière juridique la défense des libertés et des droits doit toujours primer sur la défense de la propriété et l'organisation du commerce. Il n'y a rien de nouveau ici, puisque, dans tous les types sociétaux, le principe central, qu'il soit Dieu, son Église, le Prince ou le Progrès, est présent dans tous les aspects de la vie sociale et les oriente. Mais c'est à cette réinvention d'une éthique, expression de la morale dans des situations sociales particulières, que les sciences sociales doivent donner la priorité.

Après cette lecture admirative mais critique de Stiglitz, nous sommes mieux armés pour envisager les formes que pourrait prendre le nouveau type sociétal susceptible de nous faire échapper à la catastrophe.

Deuxième partie

La société possible

VI

L'hypothèse

L'évolution à long terme d'une société et celle d'une crise économique entretiennent à première vue peu de rapports entre elles, puisque la crise actuelle a, comme beaucoup d'autres, des causes financières tenant à un excès de liquidités, à la création de crédits débordant les biens réels sur lesquels ils s'appuient et au développement massif de « produits dérivés » non contrôlés. Sur ce fond de recherche pure du profit, la crise des *subprimes*, puis la faillite d'une grande banque new-yorkaise ont eu des conséquences catastrophiques sur l'ensemble de l'économie.

La crise économique fait par ailleurs obstacle à la formation d'une nouvelle société, de nouveaux acteurs économiques et de relations entre eux. De ce point de vue, la crise ne peut pas être définie seulement comme une panne de la société capitaliste ; il faut commencer par reconnaître qu'elle détruit la société là où elle éclate.

Une grande crise économique et financière, comme celle de 1929 ou celle que nous vivons, ensevelit les acteurs, leurs conflits et toutes les formes de médiation et d'arbitrage. Ceux qui dirigent le système financier dans leur seul intérêt, qui s'oppose aussi bien à celui des entreprises, surtout petites et moyennes, qu'aux intérêts des salariés, se placent en rupture avec la société et ses institutions, au point d'agir souvent de manière illégale en créant un énorme secteur de *private equity*, qui échappe au contrôle public.

Ces financiers sortent, de fait, du cadre de la société capitaliste et entrent dans l'illégalité au même titre que les cartels de la drogue ou les contrebandiers d'armes ou de cigarettes. Leur action s'inscrit dans le puissant courant de développement actuel de l'économie illégale. Rien de tout cela ne saurait être confondu avec une société capitaliste telle qu'elle vient d'être définie. L'effet social le plus important de ces actions sauvages est l'accroissement important et durable du chômage, qui est décalé dans le temps par rapport à la crise financière. Mais on ne peut pas non plus écarter l'hypothèse que cette dernière connaisse de nouveaux rebonds.

Trois hypothèses fausses

On peut imaginer quatre hypothèses. La *première* est le retour au *statu quo ante*, donc au *business as usual*. La *deuxième* est un affaiblissement durable de tous les acteurs sociaux, et même de l'État, dans une situation dominée par la désorganisation économique. Ces deux hypothèses doivent être écartées, étant donné l'importance des pertes immenses subies et des interventions des États. En revanche, les économistes et les observateurs s'entendent souvent pour parler de la fin de l'hégémonie américaine, à la fois en raison des engagements militaires aventureux des États-Unis contre des pays musulmans, mais surtout parce que la plus grande partie de leur économie est gérée par ceux qui ont encouragé le surendettement et la spéculation, sans se soucier de faire avancer l'économie réelle.

La *troisième* hypothèse est celle qu'on peut appeler l'hypothèse Tocqueville, dans la mesure où celui-ci avait constaté, en étudiant les causes économiques de la Révolution française, et en les exposant dans *L'Ancien Régime et la Révolution*, que le règne de Louis XVI fut la période la plus prospère de l'ancienne monarchie. C'est précisément dans cette amélioration, par rapport à la première moitié du XVIIIe siècle, période de pessimisme et d'absence de perspectives, que Tocqueville aperçoit l'une des explications principales de la Révolution. Le redressement général, dû à Turgot et à Necker, a redonné aux Français la conscience qu'ils pouvaient forger eux-mêmes leur avenir. Cette hypothèse peut être reformulée aujourd'hui de la manière suivante : quand les économies occidentales se redresseront, et quand certaines des grandes économies émergentes commenceront à surmonter leurs faiblesses, ne verrons-nous pas se développer ici et là des mouvements revendicatifs forts mais aussi des propositions plus positives pour la construction d'un nouveau type de vie sociale ? Là où, comme aux États-Unis, l'inégalité sociale s'est accrue, et a même explosé dans la période 2000-2008, conséquence surtout de l'explosion des plus hauts revenus, peut-on éviter un violent retour du balancier ? Même dans les pays où le syndicalisme encadre peu les revendications, ne peut-on pas s'attendre à une explosion, comme celles de 1936 ou de 1947-1948 en France ? Nul ne peut écarter *a priori* cette possibilité, d'autant qu'au moment le plus violent de la crise il ne s'est formé aucune mobilisation de masse ; seuls certains groupes ouvriers, qui se rebellaient contre la fermeture de leur entreprise ou sa délocalisation, avaient créé des foyers de résistance, mais ce fut surtout avant la généralisation de la crise. Il est possible que, dans tel ou tel pays, cette mobilisation se produise à l'occasion d'une campagne présidentielle. Mais même dans cette hypothèse, les mouvements ne consisteront plus en une pression économique, mais bien plutôt en une agitation sociale qui sera loin de favoriser la recomposition du système d'acteurs. Après tant d'années d'affaiblissement des syndicats et des négociations collectives, il est peu probable en effet qu'on puisse reconstruire les rapports sociaux caractéristiques des sociétés industrielles (y compris postindustrielles). De la même manière, la libération des entreprises de la domination du capital financier est loin d'être assurée : le retour à l'époque où John K. Galbraith chantait la victoire des *executives* est bien peu probable.

Ces trois hypothèses se plaisent à envisager des situations complexes et mouvantes, mais aucune ne croit à la reconstruction des sociétés industrielles, avec leurs objectifs productivistes appuyés sur des technologies nouvelles, le rôle central qu'elles donnent aux grandes entreprises et aux syndicats reconstruits et à de nouvelles méthodes de négociations collectives.

De la troisième à la quatrième hypothèse

Il serait injuste, et même irresponsable, de conclure *a priori* à l'impossible régulation des échanges financiers, même s'il est vrai que ceux-ci, à l'intérieur du système mondial, sont devenus beaucoup plus importants que ceux qui interviennent entre le système financier et le système économique. Dans son dernier livre, *Penser la crise* (Fayard, 2010), Élie Cohen étudie en détail les propositions généralement présentées pour surmonter la crise et les solutions qui sont les plus fréquemment avancées.

Nombre de propositions ont été faites pour améliorer le fonctionnement des agences de notation, et, à un niveau plus général, d'autres ont été suggérées, en particulier par certains responsables britanniques (et notamment Adair Turner, directeur de la Financial Service Authority), dans la perspective de voir instaurer une sorte de taxe Tobin frappant les transactions. Mervyn King, gouverneur de la Banque d'Angleterre, qui a été suivi par d'autres spécialistes, propose, de son côté, une séparation des diverses fonctions des banques, en particulier de la banque de détail et de la banque d'investissement. D'autres encore proposent que l'on procède à un démantèlement plus poussé, en distinguant quatre types de structures : banque de détail, banque de marché, *asset management* et assurances (Cohen, 2010, p. 335) ; ce qui se heurte tout de même à l'objection que ce sont les banques générales qui ont le mieux résisté pendant la crise.

Quoi qu'il en soit, si des progrès ont été accomplis, si la FED (mais aussi la Banque centrale européenne) ont joué un rôle positif, et si l'État américain, appuyé par certains États européens, a empêché la crise systémique d'exploser après la chute de Lehman Brothers, il est difficile de croire que l'on dispose aujourd'hui des instruments de régulation dont chaque pays, les États-Unis en tête, et toute l'économie mondiale ont besoin.

Ce qui nous ramène à nouveau aux problèmes les plus graves que connaît l'économie mondiale, et donc bien loin des primes exorbitantes reçues par les *traders* et par les dirigeants des *hedge funds*.

Rappelons que le problème le plus important auquel l'économie mondiale doit faire face est l'absence d'épargne et l'énorme endettement des États-Unis, qui encouragent la politique avant tout exportatrice de la Chine, de l'Allemagne et, malgré sa longue crise, du Japon. Politique qui choque, puisqu'elle entrave l'amélioration du niveau de vie de populations considérables. Mais n'est-il pas tautologique de critiquer les grandes politiques économiques, dont les plus pauvres sont les principales victimes, et de tenter de mettre fin à la puissance excessive de l'économie financière, puisque celle-ci a été largement produite par des liquidités trop abondantes et par la recherche du profit pur, sans effet économique positif ?

Sans négliger l'utilité des analyses financières, ou même plus largement économiques, il faut à l'évidence aller plus loin.

Une crise aussi grave que celle que nous vivons ne peut pas être traitée en dehors de l'analyse des transformations économiques qui induisent des déséquilibres, affaiblissent les uns et enrichissent les autres. Cette crise, dont il est nécessaire de rappeler qu'elle remonte à la fin du XXe siècle, peut-elle être comprise sans que soit prise en considération la transformation de l'activité économique ? Tant que le système de Bretton Woods a fonctionné, c'est-à-dire tant qu'a duré le redressement de l'économie mondiale après les séismes provoqués par la guerre mondiale et les régimes totalitaires, le monde a connu un nouvel élan industriel à travers les plans quinquennaux, la diffusion du fordisme et l'automation. Ensuite, les changements technologiques accélérés, et surtout l'accroissement des échanges mondiaux, ont créé de nouveaux espaces qui ont été mis à profit par le système financier à des fins non économiques. Ceci serait-il advenu dans une société encore dominée par les grandes entreprises industrielles ? Ce fut une surprise de voir la General Motors et Chrysler dépendre de l'État pour leur survie, au même titre que Citibank, plusieurs fois sauvée de la faillite.

La période dans laquelle nous évoluons aujourd'hui est difficile à qualifier du point de vue de l'activité qui s'y déploie. L'industrie voit son importance se réduire dans les pays les plus avancés, à l'exception de l'Allemagne qui partage encore avec la Chine la première place dans les exportations industrielles mondiales, mais pour autant, nous savons que l'expression de « société postindustrielle » est trompeuse.

La meilleure façon d'approcher la situation actuelle est, en définitive, de dire qu'elle marque la complète séparation du monde économique, de plus en plus globalisé, et du monde social, lui-même en grande partie détruit par cette séparation, car l'organisation interne d'une société est normalement liée à l'action « extérieure » de celle-ci, c'est-à-dire à son travail, à sa production et à l'ensemble de son activité économique. En face de la masse impressionnante (et menaçante à la fois) de l'économie globalisée, le monde des institutions sociales ne connaît plus ni fonction ni cohérence interne. C'est un univers de doutes et de confusion, et non plus de normes. L'importance du moment présent est que cette rupture du monde économique et du monde social est à la fois normale et pathologique. Normale, car elle marque le terme d'une profonde transformation des économies dans lesquelles économie, société et politique étaient intimement liées. Pathologique, parce que la crise brise les éléments qui se séparaient et fait barrage à la création de nouvelles formes d'organisation sociale. La crise ne saurait bien sûr mettre un terme aux transformations de la vie économique ; mais elle constitue un obstacle difficile à surmonter pour tous les efforts de reconstruction de la vie sociale, même quand ceux-ci trouvent leurs racines en dehors de la vie sociale, au-dessus d'elle, comme c'est le cas (aussi) pour l'économie globalisée.

Ce *double sens* – normal et pathologique – de la rupture entre le monde économique et le monde social constitue le point de départ obligatoire de toute analyse sur l'au-delà de la crise, sur les avenirs vers lesquels celle-ci nous pousse.

Ces analyses, même si elles sont lourdes de sens, ne répondent pas aux problèmes immédiats qui nous menacent ; mais elles doivent nous inciter à regarder plus loin devant nous et à renouveler le geste que nous avons fait à la fin de la période de redressement industriel de l'après-guerre : nommer un nouveau type sociétal, dans sa globalité.

La quatrième hypothèse

En fait, nous nous trouvons confrontés à deux avenirs possibles, qui marquent l'un et l'autre une rupture avec le passé. L'un est désespérant ; l'autre apporte de nouveaux espoirs.

Par définition, aucun des deux n'est certain. Nous pouvons retomber comme nous pouvons nous relever.

a- *L'avenir noir*

Au début de 2010, le redressement des banques, une légère amélioration du commerce international et même, dans certains pays, un début de retour à la croissance – à dire vrai très limité et ne faisant pas encore baisser le chômage (sauf au Canada) –, a fait penser à quelques-uns que le monde occidental, européen et nord-américain, était capable de sortir de la crise. Optimisme bien peu fondé, puisque à ce moment-là s'annonçait déjà une seconde crise. En 2009, on l'a dit, les États étaient partout intervenus pour limiter la crise qui avait atteint son sommet en 2008. Ce qui avait été utile, mais qui fut payé de deux conséquences de plus en plus difficiles à supporter. La première fut l'augmentation du déficit budgétaire des États, qui fit oublier les engagements pris en vertu du Pacte de sécurité de limiter ce déficit à moins de 3 % du PNB. Le Royaume-Uni et la Grèce atteignirent les 11 % ; la France annonça pour 2010 un déficit de 8 %. La seconde conséquence fut l'augmentation de l'endettement public, qui en vint dans certains pays à dépasser 100 % du PNB.

Face à ces menaces, les gouvernements pouvaient difficilement accroître les dépenses de l'État en augmentant les impôts, car cela aurait déclenché une troisième crise de croissance. Les mesures qui sont prises actuellement en France, comme le non-remplacement de la moitié des fonctionnaires qui partent à la retraite, provoquent de violentes protestations, en particulier parmi les enseignants et les personnels de santé. Seule l'Allemagne est demeurée solide, mais parce qu'elle a choisi de contenir les salaires réels pour accroître ses exportations, le plus souvent aux dépens de ses voisins, et notamment de la France, qui, après avoir longtemps affiché un important excédent des exportations, a sombré dans un profond déficit commercial.

La gravité et la fragilité de la situation ont conduit à l'éclatement d'une nouvelle crise en Grèce, et à la formation de graves menaces contre plusieurs autres.

La situation de la Grèce était particulière. Elle avait transmis à Bruxelles des chiffres manipulés qui sous-estimaient fortement son échec ; la corruption y était courante et, comme dans bien d'autres pays d'Europe, les revenus du tourisme, essentiels à son équilibre, diminuaient depuis 2007. Les agences de notation précipitèrent la crise en abaissant la notation de la Grèce, mais aussi du Portugal et de l'Espagne, contraignant ces pays à emprunter à des taux de plus en plus élevés. La Grèce a frôlé l'abîme, au point même que quelques-uns lui ont conseillé de sortir de la zone euro, voire de l'Union européenne. Solution qui aurait probablement frappé à mort l'ensemble du système européen.

L'aide à la Grèce de l'Union européenne et du FMI fut lente à s'organiser, du fait de la résistance de l'Allemagne et de la peur (justifiée) de la Chancelière Angela Merkel de perdre une élection régionale importante en raison de ce soutien. Dans ces conditions, la situation de la Grèce ne cessa de s'aggraver. Ce n'est finalement que de 110 milliards d'euros que la Grèce a eu besoin, et elle les a obtenus. La situation du Portugal, atteint dans ses principales exportations et son tourisme, s'est également aggravée dans ce climat de peur panique de voir un État réduit à la faillite, hypothèse non prise en considération par les traités européens…

En Espagne, l'économie a été touchée dès le début de la crise américaine des *subprimes* parce que, pour réagir au mouvement de désindustrialisation, elle avait confié son avenir au tourisme, c'est-à-dire à la construction. Même Barcelone, autrefois si fortement industrialisée, avait vu s'écrouler ses vieilles industries, surtout textiles, et dépendait elle aussi, pour sa survie, du tourisme. Le secteur de la construction, qui s'était vivement développé, s'écroula donc et vit son activité réduite des deux tiers en quelques mois. L'opinion se déchaîna alors contre le président du Conseil des ministres, le socialiste Zapatero, jusqu'alors très populaire. Le système bancaire espagnol et son réseau de *cajas* (caisse d'épargne) est très affaibli par la crise de l'immobilier. Une chute de l'Espagne serait celle de la zone euro, et en fait, de la construction européenne.

Heureusement, les pays de la zone euro ont pris des mesures drastiques afin de protéger les économies menacées. Mais on ne peut pas être certain que les projets de réduction du déficit des finances publiques n'entraîneront pas des réactions violentes dans certains pays. C'est ainsi que le parti communiste grec a multiplié les actes de violence, qui ont abouti à la mort de trois personnes dans une banque.

Sans se laisser emporter par le pessimisme, il faut prendre conscience que c'est peut-être le déclin de l'Europe qui s'annonce. L'impuissance de l'Union européenne est observée partout avec inquiétude et déception. L'UE n'a été capable de prendre aucune mesure importante de contrôle des opérations financières. La résistance de la City en Grande-Bretagne explique, certes, cette impuissance, mais ne la justifie pas. Quant aux dirigeants européens, tout indique qu'ils ne voient pas d'un mauvais œil la faiblesse de Bruxelles.

L'Amérique du Sud a beaucoup mieux résisté que l'Europe à la crise. Les banques publiques, au premier rang desquelles la BNDE brésilienne, ont mis en œuvre d'excellentes politiques anticycliques. Le Chili et le Pérou ont accumulé des superavits budgétaires importants, ce qui leur a permis de résister à la crise. Le Brésil, dont l'importance mondiale est constatée, supplante désormais un Mercosur détruit par l'écart grandissant entre le Brésil et l'Argentine. Quant au Chili, il est le pays émergent qui a réalisé les plus grands progrès, en dehors de la Chine.

Il est vrai que le même jugement ne saurait s'appliquer à l'Amérique centrale, à la Caraïbe et au Mexique, complètement dépendants des États-Unis et, pour ce qui concerne le Mexique, ravagé par les méfaits des trafiquants de drogue. Le résultat est que l'Amérique du Sud entretient aujourd'hui des rapports plus intenses avec l'Asie, et en particulier avec la Chine, qu'avec les États-Unis et l'Europe.

Ceux qui cherchent à évaluer la situation dans laquelle se trouve l'Europe se tromperaient à coup sûr s'ils n'accordaient pas une place centrale au déclin de sa position internationale qui frappe notre continent, menace trop longtemps masquée par les illusions répandues par ceux des pro-européens qui se souciaient surtout d'intégrer le continent dans une économie mondiale globalisée et dominée par les États-Unis – et plus encore par les financiers eux-mêmes. Il est vrai que la gravité de la situation a enfin été comprise par ses dirigeants, en particulier par ceux de la France et de l'Allemagne, ce qui les a décidés à créer en mai 2010 un fonds de soutien aux pays menacés, renforcé en juin.

Cette importante décision est susceptible d'enrayer une nouvelle catastrophe ; mais rien ne saurait mettre un terme à la recherche à tout prix du profit par les spéculateurs. Ceux-ci continueront donc à ébranler les économies les plus faibles avec l'aide des agences de notation. L'euro n'est pas hors de danger. L'hypothèse d'une nouvelle crise ne saurait être écartée ; ce qui pourrait conduire à un enchaînement catastrophique de crises.

b- *L'avenir ouvert*

Cette seconde partie de la quatrième hypothèse est plus difficile à formuler. L'absence de réactions sociales et politiques de masse pendant cette crise, dont l'aspect le plus évident fut la victoire du capital financier sur l'économie réelle, fut partout une surprise. La crise n'a pas entraîné un renforcement de la gauche et des syndicats. Un conflit social est l'affrontement de groupes sociaux opposés qui luttent pour l'appropriation des résultats de la croissance, les deux camps reconnaissant l'un et l'autre la valeur positive des enjeux de leur concurrence. Un conflit social est donc très différent d'une crise économique. L'intervention des grands États industriels a permis aux banques de se redresser, sans pourtant que soit transformé le système économique, même si le contrôle de leurs activités et de leurs méthodes est plus strict qu'autrefois. Fin 2009, si le président Obama a sauvé l'économie occidentale, il n'était donc pas en son pouvoir de recomposer le système des rapports et des conflits socio-économiques qui avait caractérisé la société industrielle. À ce jour, on n'assiste à aucun conflit significatif entre des acteurs clairement définis ; il n'apparaît aucun enjeu commun à deux camps opposés : la nouvelle société ne s'est pas encore formée. Mais elle s'annonce, ce qui est la quatrième hypothèse. Celle-ci est difficile à formuler, puisqu'elle affirme la construction d'un nouveau système d'acteurs, encore impossible à décrire. Bien entendu, ce passage à une nouvelle société implique la transformation des institutions actuelles, ce que, dans notre langage quotidien, nous appelons la crise de la ville, de la démocratie, de la justice, de l'école ou de la famille. Cette séparation du monde économique et du monde social caractérise la situation actuelle, en particulier parce que la globalisation place l'économie à un niveau auquel aucune institution sociale, politique ou même économique ne peut intervenir. De là ce que nous avons déjà constaté : l'absence de réactions organisées des salariés et de la population en général. À ce point du raisonnement, il faut reconnaître une extrême dissymétrie entre un monde économique débordé par la sphère financière et les possibilités d'action sociale.

Barack Obama, dès le début de sa présidence, est parvenu à mettre en œuvre un puissant mécanisme d'intervention qui a pu arrêter la généralisation de la crise, mais les banques ont voulu racheter leurs dettes aussi rapidement que possible, et le président des États-Unis n'a pas envisagé de nationaliser les banques débitrices. Ainsi s'explique le silence social et politique qui a accompagné une crise d'une extrême gravité.

Si aucun projet social et politique ne se forme pour définir de nouveaux équilibres, la seule réponse spontanée au triomphe de l'économie globalisée sera un communautarisme défensif, qui ne sera plus défini en termes de rapports sociaux mais d'enfermement dans une identité religieuse, nationale ou ethnique. Ce communautarisme pourrait prendre la forme (limitée) du protectionnisme économique, mais n'oublions pas que l'affrontement entre communautés religieuses et certains centres de l'économie globalisée a déjà débouché sur la guerre – djihad contre djihad – entre l'islamisme radical et les forces américaines et britanniques qui ont envahi l'Irak, ou entre les Palestiniens et le gouvernement israélien qui est aujourd'hui dans les mains de nationalistes hostiles à toute négociation. Entre un tel conflit militaire et une lutte d'influence interne entre forces sociales opposées, il n'y a presque rien en commun. Il nous faut donc repérer les signes de l'apparition prochaine d'une force capable de combattre efficacement le pouvoir économique et financier global.

C'est une fois encore aux États-Unis que se sont formés le plus de groupes de femmes, d'associations d'écologistes ou de groupes de lutte contre le racisme et pour l'égalité des droits civiques. Ils se sont même largement substitués à l'intervention verticale de l'État en pratiquant un *self government* efficace et qui, à l'inverse du communautarisme, facilite l'ouverture des groupes locaux sur les problèmes généraux.

Mais ces associations locales sont souvent dominées par des groupes d'influence hostiles aux minorités. L'impact de ce fondamentalisme (surtout protestant) est favorisé aux États-Unis par l'action de *preachers* véhéments qui encouragent l'isolationnisme et le rejet de l'étranger. Il n'a pas son équivalent religieux en Europe occidentale.

Qu'ils soient « positifs » ou « négatifs », ces groupes de base ont en commun aux États-Unis de limiter le pouvoir de l'État, de donner à la société civile une diversité, une souplesse et surtout une vigueur qui fait contrepoids au caractère centralisé du système politique. Mais seule l'affirmation de valeurs universelles peut permettre de limiter la poussée des intérêts les plus puissants.

Trois étapes dans la naissance du sujet : fabrication, communication, création de valeurs

Évitons d'abord une confusion. La naissance du sujet n'a pas de lien avec l'existence d'une société postindustrielle fondée sur la *communication*. Dans les sociétés de production, il existe une correspondance entre les conditions structurelles et les choix de valeurs qui orientent l'action. La communication s'inscrit encore dans ces sociétés de production, mais elle constitue le *fondement* de la société postindustrielle.

Ainsi se trouve construit le chemin qui court de la science et de l'organisation économique jusqu'aux acteurs sociaux, en passant par les réseaux de communication. L'important ici est de reconnaître la spécificité de chacun des moments de l'analyse. Mais il faut insister surtout sur la distance qui sépare la référence au sujet, tel que je l'ai conçu, des problèmes de la communication. Ces derniers, qui ont constitué le fondement de la société postindustrielle, ont intégré l'acteur de la communication avec le contenu de celle-ci. À l'inverse des sociétés industrielles et postindustrielles, où les rapports sociaux de production et les politiques sociales étaient inséparables, la société qui s'annonce peut être représentée comme marquée par l'opposition de deux principes non sociaux, d'un côté la globalisation, de l'autre le sujet porteur de droits. Entre ces deux montagnes s'élargit une plaine où l'activité est intense, les routes nombreuses, et où se concentrent les villes et leurs habitants. Mais c'est des montagnes que vient l'eau nourricière.

Pas de vie sans irrigation, mais pas d'irrigation sans arrivée de l'eau qui descend des montagnes. Si cette métaphore n'est pas assez claire, répétons que le sens de l'action se forme *en dehors de la vie sociale*, à la fois dans le monde économique construit et découvert par les hommes, et dans le monde réflexif du sujet. Existe-t-il une manière plus claire de marquer l'opposition de la vision classique et de celle que je présente ici, et qui a plus d'affinités avec l'étude des formes anciennes, religieuses ou philosophiques, du sujet, qu'avec le rationalisme nourri de philosophie de l'Histoire ?

La rencontre de deux principes métasociaux

Ce thème du sujet, à la différence des thèmes sociaux, se forme en dehors du champ social, sous l'effet de mouvements collectifs plus culturels que sociaux, et qui ne sont pas animés par la défense d'intérêts spécifiques. Ils se forment le plus souvent à la base de la société et mettent en cause les décisions imposées par le pouvoir. Dans les pays les plus engagés dans la construction d'une société nouvelle, et en particulier aux États-Unis, les conflits entre les deux camps sont si visibles qu'ils sont devenus un élément très important des choix électoraux. Jusqu'ici, cependant, c'est la volonté du gouvernement qui a prévalu. Les États-Unis ont ainsi refusé les accords de Kyoto, tandis que des Américains menaient de grandes campagnes contre les gaz à effet de serre. On voit la part du non-dit dans la politique de ce pays comme des autres. Les pays de l'Europe de l'Ouest, eux, sont sensibles aux deux thèmes : la lutte contre l'économie et ses pouvoirs « globaux », et la volonté de sauvegarder leur indépendance, qui est avant tout d'ordre culturel.

L'important est de bien comprendre comment les deux courants culturels opposés se diffusent dans la vie sociale et exercent une forte influence sur les décisions politiques. Le développement très rapide de nouveaux moyens de communication – du téléphone portable à Internet, des télévisions aux magazines consacrés aux stars et autres « people » – ont permis que les thèmes de l'écologie politique et ceux des mouvements antiracistes et de défense des minorités se diffusent à grande vitesse, mais en perdant de la force attachée aux mouvements les plus directement liés à la défense du sujet, de sa liberté, de l'égalité et de la justice.

Leur force principale provient de ce que les dangers combattus par les mouvements culturels actuels sont établis par des scientifiques échappant au contrôle de l'État. Beaucoup ont cru que les sociétés et la culture de masse détruiraient la politique, et notamment les mouvements sociaux et culturels, en les noyant dans un univers publicitaire où ils deviendraient invisibles. On entend encore ceux qui affirmaient, il y a peu, que le monde des médias n'est qu'une nouvelle figure du *panem et circenses* des empereurs romains. Cette inquiétude est, certes, en partie justifiée, car bien des aspects de la vie collective sont rendus inintelligibles, tant ils sont galvaudés par le discours publicitaire. Mais l'époque des médias tout-puissants touche à sa fin. Des voix de plus en plus nombreuses se font entendre. Le passage des mouvements issus de la société industrielle aux nouveaux mouvements sociaux et culturels s'est opéré rapidement, et aujourd'hui il faut se boucher les oreilles pour ne pas entendre les écologistes, les féministes, les défenseurs des nations menacées ou déjà détruites par un génocide.

Ce qui nous a manqué jusqu'ici, c'est d'avoir une vue d'ensemble de la nouvelle société qui se forme. Nous sommes encore assourdis par les mouvements de défense des « victimes » qui diffusent, de fait, l'idée qu'il est impossible de lutter contre la civilisation de masse. Regardons plutôt l'Italie où le mouvement VIOLA, qui s'est construit uniquement par le Net, combat l'impunité de Silvio Berlusconi.

Il n'est jamais trop tôt pour inventorier systématiquement les transformations que subissent les sociétés industrielles et postindustrielles, et pour voir que la crise de l'économie agit sur tous les aspects de la vie sociale. Mais nous sommes déjà entrés matériellement dans le nouvel univers auquel nous faisons constamment référence, et nous devrions y introduire maintenant nos représentations.

Nous comprenons mieux désormais pourquoi il faut distinguer la crise financière, qui s'est rapidement étendue à l'économie et à l'emploi, et la transformation à long terme que subit la société, qui passe d'une production industrielle ou postindustrielle à une situation que j'ai déjà qualifiée de post-sociale. Cette position n'a rien en commun avec l'idée de fin de l'histoire proposée par Francis Fukuyama ; elle voudrait même s'inscrire en faux contre elle. L'important ici est de rejeter l'idée que tous les aspects de la vie d'une société sont déterminés par sa situation économique, idée qui ne correspond plus à la réalité. La vie sociale actuelle est dominée d'un côté par l'économie globalisée, qui exerce une pression sur tous les domaines de la vie sociale, et de l'autre, par la référence des acteurs à un sujet lui-même défini comme placé au-delà de l'ordre social, comme appartenant au domaine des principes universels. Le conflit entre ces deux points de vue, l'un et l'autre *au-dessus* de la société, s'étend au point de former une contradiction, un conflit qui ne saurait être réglé que par la guerre. Mais ce danger s'éloignera dans la mesure où ces deux principes métasociaux s'incarneront dans des règles et des modes de décision qui feront pénétrer dans la vie sociale la logique de chacun d'eux.

L'accroissement des inégalités appelle des changements dans l'organisation économique si nous voulons éviter une conflagration sociale qui achèverait d'épuiser notre société blessée par la crise. La grande majorité de la population aspire d'ailleurs à l'intervention de l'État pour réduire ces inégalités. Cette première réponse signifie qu'après une extrême domination de l'économie sur tous les autres aspects de la société, il faut rétablir des liens entre les facteurs économiques et non économiques de la situation économique : l'état de l'opinion et la volonté de l'État en sont des éléments aussi importants que les mouvements de capitaux qu'ils cherchent à contrôler.

Dans la nouvelle situation post-sociale, les revendications débordent les objectifs économiques ; elles sont portées par la défense du sujet, c'est-à-dire des droits de chacun, car la tendance la plus centrale de la mutation en cours est de séparer économie et société ou culture, sans rompre tous les liens entre elles. On voit aussi que l'ordre économique et le monde des idées s'opposent l'un à l'autre, tout en restant liés. Aujourd'hui, les conflits peuvent plus facilement tourner à la lutte armée qu'au réformisme limité. Ce qui nous protège contre l'hypothèse catastrophique de deux mondes irréductiblement opposés l'un à l'autre est qu'il reste aujourd'hui un espace suffisamment ouvert pour que s'y maintiennent les deux principes opposés. Et il est aussi impossible d'imaginer une société entièrement consacrée à la défense des droits humains qu'une société réduite à des opérations bancaires ou à la manipulation des travailleurs de tous niveaux par des méthodes de gestion et de mobilisation.

Autrefois, nombre d'acteurs ont espéré la destruction du capitalisme sous la pression des travailleurs. Aujourd'hui, le danger principal est au contraire celui d'une victoire complète soit des très riches, soit des très pauvres qui, n'ayant pas d'influence sur la société, peuvent se transformer facilement en figures inquiétantes de l'idéal populiste, fasciste ou prophétique. Le meilleur moyen pour éviter ces menaces extrêmes est de travailler à une conscience plus forte des enjeux les plus élevés des conflits. De fait, les revendications des écologistes accroissent aujourd'hui le pouvoir d'intervention de l'État. Quant à la concentration extrême des richesses, enfermant une grande partie des travailleurs dans la misère et dans l'exclusion, elle s'accompagne d'une représentation si tragique que personne ne peut souhaiter en revenir au capitalisme victorien.

Ne pensons pas que la résistance du sujet suppose que philosophes, sociologues ou écrivains conduisent la protestation sociale. Comme si ceux-là avaient déjà constitué le mouvement ouvrier au XIXe siècle, alors qu'ils n'ont élaboré que ses discours. J'ai montré ailleurs qu'il ne faut pas réduire le mouvement ouvrier à ses expressions politiques. Et Marx lui-même a davantage fait pour la critique du capitalisme qu'il n'a compris et interprété les grèves, les sabotages et autres formes de pression des ouvriers contre le système ; ces ouvriers qui n'étaient pas dénués de conscience.

Aujourd'hui, la conscience de la catastrophe possible est plus forte que tout, et l'écologie politique ne serait pas aussi puissante si elle ne puisait pas au plus profond du refus de la mort. Les Aztèques n'avaient pas conscience que les Espagnols qu'ils accueillaient si bien allaient les massacrer. Mais nos informations nous permettent aujourd'hui, au contraire, de prévoir les catastrophes auxquelles conduit le triomphe des financiers. La prise de conscience des risques est insuffisante, certes, mais elle existe ; c'est pourquoi le mouvement écologiste n'est pas seulement la traduction des inquiétudes de certains scientifiques. Il est en tout cas nécessaire d'écarter aussi bien toute référence au spontanéisme qu'au rationalisme scientifique pour expliquer les mouvements culturels qui occupent déjà une grande partie de la scène politique. Ce qui nous manque, c'est une représentation suffisamment complète des moyens et des effets de la domination du capitalisme financier. Celui-ci a déjà produit, au cours des deux siècles passés, de nombreuses crises graves qui ont atteint l'ensemble de la vie économique. Mais la gravité des crises s'est accrue de période en période. Celle de 1929 a mis le monde à feu et à sang, en poussant les Allemands vers le nazisme. La crise actuelle peut conduire à l'effacement progressif de l'Occident, surtout européen. En même temps, nous connaissons de mieux en mieux l'ensemble des forces sociales, des pratiques culturelles et des décisions politiques qui rendent possible et qui renforcent constamment la domination du profit sans contrepartie économique. La mort rôde de plus en plus près de nous depuis que nous avons vu Hiroshima tomber en poussière, sous le coup d'une bombe A préparée par les plus grands scientifiques.

La logique de la recherche du profit maximum et celle du respect du sujet et de ses droits s'affrontent aujourd'hui. Chacun de ces deux principes peut s'incarner dans chacun des secteurs de la vie sociale, mais aussi dans les interventions publiques, surtout celles de l'État, qui cherchent à combler le vide entre les principes opposés et à transformer les contradictions en complémentarités.

Une crise, si grave soit-elle, ne détermine pas un avenir donné, même si elle brise les liens avec le passé. Dans le cas présent, elle peut conduire à une désorganisation de la vie sociale et même économique, appelant la violence, l'illégalité et finalement la décadence. Mais la destruction des liens anciens entre l'économie et la société peut tout aussi bien faire surgir, face à l'économie globalisée, des mouvements de défense non plus seulement d'intérêts économiques, mais de droits.

Entre deux avenirs

Si la crise par elle-même n'impose pas l'une ou l'autre des deux solutions, la manière dont cette crise est traitée aura des effets décisifs sur l'avenir. Et c'est seulement si elle est considérée comme un problème à résoudre, et donc si elle fait émerger de nouveaux objectifs et de nouvelles méthodes de choix, qu'elle pourra aider à la formation d'une nouvelle société. Au contraire, plus elle sera vécue comme une situation hors d'atteinte, comme un changement géopolitique majeur, comme le fruit de la faiblesse des acteurs économiques et politiques, plus il est probable qu'elle emportera tout sur son passage comme une avalanche.

L'opposition extrême entre le mouvement de décomposition accélérée d'un système économique et social et la création d'un nouveau type sociétal n'exclut pas qu'il existe des liens très forts entre les deux processus. Nombre d'économistes ont ainsi insisté sur les profonds changements de situation et de politique économiques suscités par l'écroulement d'un type de capitalisme, bien qu'ils aient presque toujours recouru à l'explication par l'intervention de facteurs extérieurs pour expliquer ce retournement de situation. Le New Deal de Roosevelt n'aurait pas été conçu sans la crise de 1929, mais il n'a pas redressé l'économie américaine – et c'est seulement la guerre, à partir de 1941, qui a permis de retrouver le plein-emploi, sous la conduite de l'État.

Après la Seconde Guerre mondiale, dans les grands pays de l'Europe non soviétisée, et dans bien d'autres, se sont formés des régimes « développementistes » dans lesquels l'intervention de l'État fut d'autant plus forte que les milieux capitalistes avaient souvent disparu, parce qu'ils s'étaient mis au service des conquérants nazis et avaient donc été frappés d'indignité nationale – et souvent même leurs entreprises avaient été nationalisées. Tel fut le cas notamment en France, mais aussi en Italie, en Grande-Bretagne, et même en Allemagne où la pression syndicale fut forte. De nouveaux entrepreneurs publics, comme Mattei en Italie, mais aussi un groupe de très hauts fonctionnaires en France (Massé, Delouvrier, Bloch-Lainé, Gruson, Hirsch, etc.) jouèrent à cette époque un rôle remarquable.

L'épuisement de cette économie administrée, à la fin des années 1960, entraîna la rapide conquête du monde par le capitalisme néolibéral, système dans lequel l'intervention des agents non capitalistes (qu'il s'agisse des syndicats ou de l'État) n'a cessé de diminuer, tandis qu'augmentait le nombre de crises régionales et sectorielles.

Trois ans après l'éclatement de la crise en 2007, peu nombreux sont ceux qui croient que des « réformes » soient en mesure de rétablir le système antérieur. Comme après 1929, une transformation profonde de la vie économique apparaît inévitable. Mais comment de nouvelles interventions de l'État peuvent-elles conduire vers le nouveau type sociétal, vers ce que j'ai appelé la situation post-sociale ?

Le caractère de plus en plus global de l'économie mondiale et l'extrême autonomie des activités financières, qui ne sont plus reliées au fonctionnement réel de l'économie et des entreprises, ont suscité bien des efforts en vue d'activer des transformations que l'on peut évaluer en termes de motivations et de processus non économiques. Il s'agit avant tout de lutter contre les effets destructeurs de l'économie actuelle, c'est-à-dire d'agir sur les conditions naturelles de notre survie. Mais tout aussi indispensable apparaît l'effort pour accroître la demande mondiale et pour réduire les inégalités qui se sont fortement accrues au cours des dernières années.

Mais cette tentative sera plus difficile à réussir que lors des expériences précédentes, dans la mesure où la rupture est plus profonde entre le capitalisme financier, responsable principal de la dernière crise, et les appels à la défense des équilibres naturels et des Droits de l'homme. Le silence politique actuel ne saurait durer et il est probable que la transition (difficile) vers le nouveau type de société se fera à chaud plutôt qu'à froid.

Des acteurs aux sujets

La sociologie s'est d'abord attachée à étudier les systèmes, les fonctions et les pouvoirs. Mais elle s'est éloignée, surtout depuis le début des grands mouvements sociaux des années 1960, de l'idée d'une « réciprocité de perspectives » entre le système et les acteurs.

Les psychologues sociaux ont d'abord redécouvert l'autonomie de l'acteur agissant dans un groupe, en montrant les effets de la nature du groupe sur les conduites individuelles. Certains, en particulier Serge Moscovici, se sont avancés plus loin, en explorant la relation des acteurs avec la culture dans laquelle ils agissent.

Ma démarche ici n'est pas éloignée de celle des psychologues sociaux ; elle l'est davantage des travaux plus anciens sur la « personnalité de base ». Elle vise avant tout à établir des liens entre la réalité sociale, que ce soit celle des systèmes ou celle des acteurs, et le niveau fondamentalement différent où les conduites de valeurs se forment et trouvent leur légitimité. Ces conduites ont été pendant longtemps avant tout des conduites de type religieux, soit au sens propre du terme, soit par croyance en des idéaux laïques comme le progrès ou la nation. Mais au moment où beaucoup parlent de *sécularisation*, c'est-à-dire de dissolution du religieux dans les pratiques sociales, qu'elles soient utilitaristes ou humanitaires, je défends l'idée que ce religieux a pénétré en l'Homme et s'y est mué en *humanisme*, horizon central dans l'expérience des modernes.

Plus notre capacité d'agir sur nous-mêmes et sur notre environnement s'accroît, et plus cet humanisme se renforce. Longtemps il a essayé de garder un pied sur les faits et un autre sur les valeurs, et il l'a souvent fait en recourant à une pensée évolutionniste. Le moment est venu de rompre avec ces exercices d'équilibriste, car la globalisation de l'économie tend à tout envahir et à tout dominer. Seul l'appel le plus direct à ce qu'il faut nommer le *sujet*, comme au temps des Lumières, permet de résister à cette invasion. Nous portons de plus en plus des jugements moraux, et même spirituels, sur notre situation et nos conduites. Cette tendance se répand partout, et c'est un constat qui peut nous donner confiance en notre avenir.

VII

La situation post-sociale

Sociétés industrielles et postindustrielles

Revenons en arrière pour mieux prendre en main tous les changements qui se produisent ou se sont déjà produits dans cette société nouvelle, et commençons par la situer par rapport à celles qui l'ont précédée, de manière à bien évaluer ces changements.

Pendant longtemps, nous avons donné la plus grande importance au passage de ce qu'on appelait la société industrielle à ce que quelques-uns ont appelé la société postindustrielle. Nous avons été, Daniel Bell et moi, les premiers à insister sur cette transformation. Mais il s'agit là de deux étapes à l'intérieur de la société industrielle, comme je l'ai rappelé. De la même manière, depuis Georges Friedmann, nous avons pris l'habitude de distinguer plusieurs révolutions industrielles : la société dominée par le charbon, celle qui a mis l'électricité au service de la production et enfin celle qui a vu l'arrivée de l'électronique, et en particulier des systèmes de communication très complexes. Les différences qui séparent ces phases de la société industrielle, pour importantes qu'elles soient, ne nous ont pas fait passer d'un type de société à un autre. Et, à mesure que nous prenons de la distance par rapport aux transformations successives, nous nous rendons mieux compte de ce que ces étapes ont en commun.

On peut définir la société industrielle par le fait que le progrès de la production et de la productivité y provoque des changements profonds, en particulier dans les rapports sociaux de production. De ce point de vue, le passage de la société industrielle à la société postindustrielle constitue un changement important d'étape, mais non pas le passage d'une société à une autre.

La séparation du monde des choses et du monde moral n'existe pas encore dans la société postindustrielle. Beaucoup ont même insisté sur ce qui les unit dans ce type de société, où la communication introduit un nouveau rapport entre les informations et les dispositions des communicants. C'est Manuel Castells qui, le premier, a reconnu que la communication occupe une place centrale dans les sociétés postindustrielles. Son intention a toujours été de montrer qu'une bonne communication est celle qui reconnaît l'importance des émotions, des sentiments et des idées dans la transmission de messages qui, pour qu'il y ait vraiment communication, doivent être transformés dans le passage de l'émetteur au récepteur. Proche d'Antonio Damasio, auteur d'importantes études sur le cerveau, il critique tout rationalisme replié sur lui-même.

Mais ne créons pas de confusion. Le thème de la communication est bien étranger à l'idée de la séparation du système et des acteurs. C'est dans la société postindustrielle que la communication occupe une place centrale, non dans la situation post-sociale.

Pour autant, c'est dès l'étude des sociétés industrielles et de leurs mouvements sociaux que la sociologie a compris qu'elle devait s'écarter d'une pensée des systèmes, qu'elle soit structuro-fonctionnaliste ou marxiste. Les acteurs n'utilisent pas les institutions sociales seulement en fonction des possibilités qu'elles leur donnent d'accéder à un meilleur statut dans la hiérarchie sociale, mais aussi pour renforcer leur capacité d'entreprendre des actions sociales engendrées par elles-mêmes. Manuel Castells l'a magnifiquement montré dans son analyse de la campagne présidentielle de Barack Obama et de l'influence de Saul Alinsky sur lui, ce qui donne un contenu concret à sa construction analytique (*Communication Power*, 2009, p. 386-389).

Et Castells de préciser : « Si la structuration est multiple, le défi pour l'analyse est de comprendre la spécificité des relations de pouvoir à chaque niveau, dans toutes les formes et échelles des pratiques sociales et dans leurs résultats structurés. »

La séparation des acteurs et du système

Depuis le début de ce livre, nous avons dégagé deux éléments fondamentaux du type sociétal en formation. Le premier est la globalisation du système économique et, par conséquent, son autonomie croissante par rapport aux acteurs et aux institutions. La nouvelle société vit une séparation de plus en plus profonde entre une économie qui s'organise au niveau mondial et des institutions ou des formes d'organisation sociale qui sont affaiblies par leur incapacité à contrôler la globalité du système économique. Un gouffre s'est créé entre le monde de l'économie et celui des institutions sociales, dans lequel les acteurs sont multiples, mais où aucun n'est capable de s'assurer du contrôle du monde économique globalisé.

Pour la première fois dans l'histoire, le monde de la production, des banques et des technologies est séparé du monde des acteurs. Ceux-ci ne peuvent donc plus être définis par leurs rôles ou leurs statuts dans la vie économique. Cette séparation marque la fin d'une très longue période qui a été marquée par la conception « socio-économique » des sciences sociales. Du côté de l'analyse des systèmes, la pensée économique se consacrait à l'élaboration d'analyses formalisées sur les relations entre les différentes dimensions de la vie économique, y compris celles qui échappent à la sphère économique proprement dite. Du côté des acteurs, nous nous concentrions sur leur rôle social. Or, précisément aujourd'hui, les acteurs ne sont plus analysables de ce point de vue. On peut même affirmer que cette redéfinition des acteurs, non plus comme acteurs sociaux, mais comme acteurs moraux et personnels, est commandée par une situation devenue elle-même non sociale et qui engage les individus, les groupes et les institutions en tant que défenseurs (ou au contraire adversaires) de certaines sources de légitimité. Quand la séparation entre système et acteurs devient totale, les acteurs ne peuvent plus être définis comme des acteurs sociaux, car leur légitimité vient de plus haut. Elle provient de ce qu'ils portent en eux le sujet, c'est-à-dire des droits. Ce glissement ne témoigne pas du passage d'une vision sociale à une approche individualiste, car ce mot recouvre trois différents types de conduites nés de l'écroulement des sociétés de production : la désintégration sociale, les conduites communautaires et, enfin, la recherche de principes nouveaux de légitimité définis en termes de droits. Le plus important de ces droits est le droit d'être un acteur, ce que Hannah Arendt a exposé avec le plus de force en définissant les êtres humains par leur « droit d'avoir des droits ».

Toutes les catégories sociales revendiquent des droits. Les auteurs anglais et américains ont même parlé du « droit d'être anglais » au moment de l'indépendance des colonies anglaises. Mais c'est la Révolution française qui a donné à l'idée de droit une portée générale. Ce que Hannah Arendt explique en disant que c'est la destruction de tous les droits particuliers, telle que l'a imposée l'Assemblée constituante en 1791, qui a conduit à penser que ce sont les individus privés de droits, désocialisés pourrait-on dire, qui peuvent revendiquer un droit général – et même universel – à avoir des droits. Hannah Arendt développe ce jugement à l'intérieur de son approche critique, influencée par Edmund Burke, de la Révolution française et du modèle français de démocratie. Elle préfère au modèle français le modèle américain, où le droit général d'avoir des droits s'appuie sur l'expérience positive de la possession de droits particuliers. On peut accepter la critique de Hannah Arendt, qui avait déjà été avancée par Tocqueville, sans pour autant renoncer à donner un sens universaliste à la formule « le droit d'avoir des droits ». Le respect des minorités dans les sociétés contemporaines nous contraint, plus encore aujourd'hui qu'à l'époque, à parler d'un droit général à vivre selon des normes et des principes étrangers à ceux de la majorité. Or, un tel droit ne peut être fondé que sur un principe universel

Quoi qu'il en soit, la séparation complète de l'acteur et du système est la définition même de la situation post-sociale. Elle brise tous les liens qui unissaient l'histoire économique et l'histoire sociale.

L'absence d'un nouveau modèle sociétal

La situation de crise qui domine au début du XXIe siècle l'économie mondiale, et qui est due en grande partie au développement incontrôlé du capitalisme financier, est très défavorable à l'épanouissement d'un nouveau modèle sociétal. Quand celui-ci se manifeste, c'est en effet dans les pays les plus modernes, sous forme d'organisations non gouvernementales (ONG) qu'on observe aussi dans les pays moins développés, où elles sont largement subventionnées par les pays riches du Nord. Conclusion prévisible et conforme aux observations classiques : une forte rupture du système économique et social, soit sous l'effet de fortes pressions populaires, soit à l'initiative des dirigeants politiques et économiques, retarde au lieu d'accélérer, comme on serait d'abord tenté de le penser, la formation d'un nouveau type sociétal. Dans un tel contexte, la reconstruction sociale, qui doit faciliter l'arrivée sur le devant de la scène de nouveaux acteurs, est en effet entravée par la crise et par la diminution massive des ressources. La crise ne facilite pas par elle-même la modernisation du champ politique et social ; c'est l'inverse qui est vrai. Et c'est seulement quand la crise suscitera une réaction antilibérale, et même antiréformiste, qu'un nouvel équilibre pourra être atteint, rendant possible une modernisation globale du type de celle qui est déjà à l'œuvre dans les pays scandinaves.

Le processus de changement s'opère donc en deux temps : d'abord le dépassement du néolibéralisme économique par l'extension des droits sociaux et culturels de la population ; ensuite, la perte du monopole politique dont disposaient les catégories privilégiées, ce qui accélère la formation de nouvelles revendications sociales et culturelles, et change le fonctionnement de la vie politique.

Ce dernier point est celui qui a provoqué récemment le plus de débats. Chacun éprouve l'insuffisance de notre démocratie *représentative*, affaiblie par la diversification sociale croissante des sociétés industrialisées. Aux États-Unis et dans les pays du Commonwealth se sont développés de puissants mouvements sociaux et culturels, mais qui se situent à un autre niveau de la vie politique, très éloigné de la sphère gouvernementale. Le meilleur exemple de ce phénomène est donné aux États-Unis (et ailleurs) par l'écologie politique, qui est rapidement devenue une force considérable dans la société civile, des deux côtés de l'Atlantique.

En même temps, il s'est développé chez les économistes un fort courant d'intégration des analyses sociales et politiques avec le calcul économique. Amartya Sen en est la figure de proue, mais il a des contemporains, comme Joseph Stiglitz, Paul Krugman et Jean-Paul Fitoussi. À nouveau, la pensée progresse à mesure que la mutation sociétale s'affirme.

La tentation de la rupture

Notre attitude face au vide créé par la crise des sociétés industrielles est *ambivalente*. Certains soutiennent qu'il faut en finir avec le passé avant de construire l'avenir ; d'autres s'y opposent et redoutent que ce vide ne rende impossible la formation de nouvelles formes de vie sociale, alors qu'une évolution bien maîtrisée est nécessaire à la continuité entre l'ancien et le nouveau type sociétal. Cette deuxième approche s'est révélée la plus perspicace.

En fait, il nous faut bien comprendre qu'une crise grave, même quand elle est limitée par l'intervention efficace d'un État, peut arrêter le mouvement d'entrée dans un nouveau type de société ou lui donner la forme d'une rupture complète. La fin d'un passé ne garantit pas la naissance d'un avenir. Inversement, des réformes limitées, techniques, ne suffisent pas à changer les représentations et à mobiliser ceux qui attendent d'une nouvelle société qu'elle les libère.

Cette distinction entre un changement sans rupture entre le passé et l'avenir, et un changement qui s'opère par une rupture chargée de violence, ou même par un choc révolutionnaire, est classique. L'opposition des réformes britanniques et des ruptures françaises est une figure bien connue de l'analyse des profondes différences qui distinguent les deux pays voisins.

La continuité permet de faire le tri entre ce qu'il faut supprimer et ce qu'il faut conserver du passé, mais elle ne peut être rendue possible que par l'efficacité d'un système politique capable d'éviter le tout ou rien, toujours trop coûteux. La rupture a pour inconvénient majeur de faire facilement perdre de vue la transformation à opérer. Elle peut même conduire à la création d'un pouvoir absolu qui rompt les liens avec le passé, mais au prix de la dictature exercée par celui qui pilote la rupture, qu'il s'agisse d'un individu ou d'un parti.

La crise actuelle a eu des conséquences sociales négatives, mais sans pour autant provoquer de rupture complète avec le passé. Les démocraties ont reçu bien des coups qui les ont blessées, mais sans pour autant avoir d'effet révolutionnaire. Dans le cas des États-Unis et de l'Europe occidentale, la crise a même éliminé l'idée que le vide politique débouche toujours sur un mouvement révolutionnaire. Mais elle a également désolidarisé l'une de l'autre les deux tendances dont la complémentarité fait naître la situation post-sociale et a ainsi bloqué sa création. D'un côté, le monde des marchandises et des services rompt ses relations avec les institutions sociales et politiques et impose ses propres lois. Mais, de l'autre, l'évolution positive qui mène à la subjectivation des acteurs tend à être remplacée par l'enfermement des « spiritualités » en des lieux marginaux, tandis que se crée un espace intermédiaire, peu consistant, le territoire d'Érasme, si l'on veut, qui ne choisit jamais entre le pape et Luther.

La crise a donc des effets essentiellement négatifs. Globalisation et subjectivation forment des univers opposés, et qui peuvent même s'affronter à l'occasion, ce qui rend alors impossible la formation de nouveaux acteurs, de nouvelles institutions et de nouvelles négociations. Si la crise conduit à une catastrophe, à des ruptures complètes, il y a fort à parier qu'elle favorisera dans la société la formation d'un nouveau pouvoir qui tendra à devenir tout-puissant, et même totalitaire. La crise ne fait pas mûrir les problèmes ; elle fait tomber non seulement les feuilles mortes, mais les arbres entiers.

L'aspect le plus positif de la crise actuelle pourrait bien être d'avoir aidé les États-Unis à refermer les cicatrices les plus profondes laissées par un quart de siècle de libéralisme incontrôlé. L'État est non seulement intervenu contre la crise financière, mais pour enrayer la montée des inégalités. La présidence de Barack Obama serait triomphale si elle parvenait à juguler la crise et à améliorer, du même mouvement, la politique sociale du pays, ce qu'une rupture révolutionnaire ne permettrait jamais de faire ; au contraire, celle-ci coupe en deux la société en écartant brutalement les dirigeants issus du passé. La logique de la violence recouvre et détruit celle de la modernisation.

Ce qui limite les effets positifs de la politique de Barack Obama aux États-Unis est que nous ne savons pas encore si elle ouvre l'avenir à de nouvelles politiques économiques et sociales. Faut-il soutenir l'idée que cette crise a provoqué un changement d'orientation des États-Unis vers un nouveau *Welfare State* ? Oui, grâce au grand projet de loi sur la Sécurité sociale. En Europe partout la crise débouche plutôt sur une politique défensive, voire sur la confusion et le recul en matière de protection sociale.

Bien entendu, il ne faut pas oublier qu'il existe une continuité d'un type sociétal à un autre, dans la mesure où toute société se définit par son niveau d'historicité, c'est-à-dire par sa capacité plus ou moins grande à se transformer. Pour autant, nous parlons chaque jour de l'incapacité des sociétés à se transformer, et pas seulement pour illustrer le cas de pays paralysés par la corruption et la violence : l'exemple de la France, et encore plus celui de l'Italie, sont là pour nous inviter à ne pas sombrer dans une vision naïvement évolutionniste.

L'expression « situation post-sociale » dérangera certains, mais ce qui est encore douteux, c'est la capacité de tel pays ou de telle ville de mobiliser des ressources, de prendre confiance en son propre futur, de se convaincre que la modernisation est indispensable à la survie d'un pays menacé par des voisins plus puissants. La peur ne conduit pas toujours au succès ;

elle attire au moins aussi souvent vers la violence, éloignant ainsi la société des formes nouvelles de vie et d'action qu'elle est capable d'enfanter.

Nous avons rompu avec l'idée de progrès, ce qui nous a libérés de l'illusion que celui-ci opère par ses propres forces : nous savons qu'il s'impose mieux quand l'élite dirigeante est tournée vers l'avenir et a les moyens d'imposer ses buts. Le pays le plus proche du modèle de la modernisation démocratique et endogène est l'Allemagne, appuyée sur une très forte capacité d'exportation de ses produits industriels. À l'opposé, on trouve la Chine, dont le modèle de modernisation dépend des décisions de l'État-parti, et par conséquent ne garantit pas l'entrée dans un avenir de bien-être et de démocratie.

La France, elle aussi, a connu des périodes marquées par le volontarisme, surtout sous la direction du général de Gaulle, qui se méfiait des Français et leur préférait son idée de la France et de son avenir, conception qui est entrée de plus en plus en conflit avec la société, jusqu'à l'éclatement de Mai 68, et qui a été abandonnée au moment du premier choc pétrolier, en 1974. En fait, rien ne nous assure que tel ou tel pays entrera ou non dans la situation post-sociale.

L'ensemble de l'Europe se trouve aujourd'hui dans la même situation. Les pays ex-soviétiques peinent à retrouver le sens de l'initiative et attendent presque tout de l'aide extérieure. L'Europe occidentale est partagée entre une minorité de modernisateurs et une majorité de consommateurs plus que de créateurs, qui cherchent à diminuer la part du travail dans leur vie parce que, pendant trop longtemps, l'élite dirigeante a tout sacrifié à son enrichissement personnel. Il faut ici quitter le domaine de l'économie et entrer dans celui des sciences sociales pour comprendre que l'avenir dépend de la confiance que les membres d'une société ont en elle et en eux-mêmes. Or, cette confiance dépend avant tout des conduites des dirigeants et des gouvernants qui n'ont pas toujours conscience que, quand le bien commun tombe dans les mains de quelques spéculateurs, le reste de la population perd confiance dans l'avenir de la société.

Les trois éléments de la reconstruction

Le passage à la situation post-sociale ne s'opère pas de lui-même, comme s'il relevait d'une évolution progressive d'un type de société à un autre. La rupture comporte toujours un risque important d'échec. Les pays qui ne réussissent pas le saut vers une autre société échouent généralement moins pour des raisons techniques qu'en raison de leur incapacité à concevoir et à réussir les changements nécessaires. Il ne s'agit pas seulement d'ignorance. Le passage peut être tenté en période de crise, de révolte, d'inégalités croissantes. C'est le rejet du monde ancien qui l'emporte alors, ce qui donne une forte puissance aux acteurs concernés, mais cette force est plutôt orientée vers l'exercice de la violence que vers l'inventivité. La probabilité d'une série d'accidents et d'erreurs de jugement est alors plus grande que celle du passage, méthodiquement préparé et mené à bien, d'un type de société à un autre. Car le but à atteindre est la reconstruction d'un ensemble social vivant et actif, ce qui passe par une redéfinition des principaux acteurs par eux-mêmes, une bonne connaissance de l'ennemi à combattre et la conscience des enjeux communs qui existent entre les acteurs sociaux.

– C'est la conscience de *l'adversaire* qui est la plus facile à acquérir. Car les agents du changement se heurtent à sa résistance, soit en tant que défenseur de l'ordre ancien, soit en tant que groupe de dirigeants économiques imposant leur domination et prélevant un profit excessif. Cette conscience est si facilement acquise qu'elle peut mener soit au conflit, soit à la violence. Cette issue ne sera évitée que si la conscience affirmative de soi vient épauler la conscience critique (ou même agressive) de l'adversaire qu'il s'agit de vaincre.

– *La conscience de soi* est plus difficile à acquérir que celle de l'adversaire à vaincre, puisque l'acteur ne se définit plus en termes sociaux mais universalistes, en même temps que très concrets, et surtout en termes de droits plutôt que d'intérêts.

Les acteurs nouveaux *ne sont plus sociaux* et doivent s'identifier à la défense de droits de portée universelle. La difficulté de préciser l'extension du groupe des acteurs sera compensée par le caractère radical des nouveaux affrontements. Les nouveaux acteurs doivent donc posséder une conscience très forte de leurs droits et de ce qui les menace.

À ce point de l'analyse, les acteurs définis en termes « moraux » ne peuvent pas encore être définis par les implications institutionnelles, et en particulier juridique de ceux-ci, puisque le sujet ne peut se former qu'au-dessus de l'organisation sociale. C'est un appel à la vie contre la mort, aux droits contre les intérêts, aux principes premiers plutôt qu'à leurs implications.

Et cela est si vrai que l'affirmation de soi prend, au début, une forme toujours utopique, comme cela s'est produit au début de la société industrielle, quand Marx a parlé du socialisme utopique, qu'il opposait au socialisme réel. L'horizon utopique ne cesse d'attirer, au point que beaucoup de jeunes cherchent à fuir le monde réel vers un monde idéal, en accord avec la nature plutôt qu'avec des formes d'organisation économique modernes ; ce qui affaiblit le mouvement en formation. Les jeunes sont attirés par la contre-culture. Les textes et les musiques qui ont le plus de succès parmi les jeunes sont très souvent marqués par une conscience positive de soi mais aussi par une opposition trop vague à des adversaires trop peu définis.

Cette vision forte, héroïque même, découvre le sujet dans l'individu mais laisse pourtant dans l'ombre une réalité tout aussi importante qu'il est néanmoins plus difficile de percevoir.

L'individu virtuellement sujet ne peut pas accomplir son rôle créateur s'il n'entretient pas avec lui-même, et avec ceux qui font partie de lui-même, une confiance dans sa capacité de création. Celui qui se hait, s'évite ou s'ennuie peut-il contribuer à construire un espace social si sa volonté d'être un sujet ne résiste pas à la puissance écrasante du monde de l'argent ? Dans les sociétés industrielles, ce furent les ouvriers qualifiés, dotés d'une forte ancienneté dans leur entreprise, qui ont créé et animé le mouvement syndical, parce qu'ils avaient à défendre une autonomie réelle que les ouvriers non qualifiés et les manœuvres ne possédaient pas. De même, dans une société tellement dominée par la conscience culturelle de soi et des autres, ce sont ceux et celles qui recherchent le bonheur d'être eux-mêmes qui peuvent le mieux construire la société nouvelle, pour eux et pour les autres.

– Reste à définir *l'enjeu* du combat, accepté par tous mais interprété de manières opposées par les camps en présence.

Dans la situation nouvelle, dans un espace et un temps post-sociaux, quel est l'enjeu, quelle est la ressource principale dont les adversaires se disputent la possession tout en reconnaissant qu'elle appartient à tous ? Si la globalisation a détruit toutes les institutions et la société elle-même, puisque aucun contrôle social n'a plus prise sur elle, la conclusion s'impose à tous que seul *l'individu* reste vivant dans ce champ de ruines.

Les libéraux, qui veulent écarter tous les obstacles susceptibles d'entraver la marche triomphale du marché, prétendent dissoudre toutes les appartenances, parce que selon eux seuls les individus cherchent rationnellement leurs avantages. Leur objectif est que l'individualisme extrême ensevelisse les institutions et les actions collectives.

De l'autre côté, c'est aussi à *l'individu* qu'on s'adresse par défiance et hostilité à l'égard des institutions qui se sont laissées instrumentaliser par la volonté de profit qui conduit les acteurs dominants. Mais l'individu, tel qu'il est conçu par ceux qui sont dominés, ne peut être un sujet que s'il reconnaît que les autres individus ont les mêmes droits et la même capacité que lui à être des sujets. La vision universaliste serait vide de sens si elle ne servait qu'à assembler des individus et des groupes différents dans la maison commune de la citoyenneté, expression d'une appartenance qui n'est plus fondée sur une identité mais sur une égalité de droits. Or, reconstruire à partir de l'individu-sujet et de sa relation à d'autres individus-sujets une société conçue comme une maison commune suppose qu'on soit capable d'associer le respect des différences avec la création d'une conscience universaliste des droits humains fondamentaux.

Cette description n'est certes pas « réaliste ». Elle repère les divers aspects du « chevauchement » de l'individu par le sujet, mais sans pour autant recourir à des forces extrahumaines comme dans le vaudou ou dans les grandes religions. Démarche nécessaire, mais trompeuse aussi, comme toutes les images de la sagesse, de la foi et de l'espérance.

La situation de crise interdit le bonheur. Elle déchire, dévore l'individu quand il cherche en lui le sujet, qui est la source de ses droits. La crise le pousse à se détourner du sujet et à s'engager dans des combats utilitaires – ou même dans la guerre de tous contre tous.

Or, plus la crise atteint directement les acteurs économiques, et plus ils vivent fortement la contradiction entre la destruction du monde ancien et la construction du sujet. Le va-et-vient du balancier entre ce qui détruit l'ancien monde et ceux qui s'efforcent d'en construire un nouveau débouche aussi souvent sur le chaos que sur un nouvel ordre sociétal. Rien de plus émouvant que cette oscillation, si souvent entravée par les reculs et les erreurs de ceux qui sont décidés à rester sur le chemin de la subjectivation, mais qui n'arrivent pas toujours sains et saufs au terme de la marche. Les jeunes, exposés plus que d'autres aux tentations du monde de la consommation, et en même temps au chômage, s'égarent plus souvent que les autres, perdent leur chemin, tombent dans les pièges de l'action instrumentalisée. Peu d'entre eux parviennent à trouver la voie qui les élèvera et les transformera jusqu'à les rendre capables d'une complète subjectivation.

La crise nous empêche de nous transformer en sujets. Pour répondre aux attaques des ennemis du sujet, il ne faut pas pour autant se placer sur leur terrain, mais au contraire associer en soi le plus étroitement possible la conscience privée et l'action publique car, si on se met en situation de guerre, on est sûr de tout perdre, tandis que la forteresse intérieure peut toujours résister à l'invasion de la vie privée par les conduites utilitaires.

Il existe certes plus de manières de tomber que de s'élever, mais si on éprouve fortement le sentiment de la chute menaçante, on pourra toujours revenir sur le chemin qui monte vers la subjectivation.

Voici donc indiqués deux des moments par lesquels doivent passer tous ceux qui veulent participer à la construction d'un sujet capable de résister à la puissance massive de l'argent et des politiques qui le servent. Le premier moment est celui de la séparation des deux chemins, celui qui descend vers la catastrophe et celui qui monte vers le sujet.

Le second moment est celui qui vient d'être plus spécifiquement décrit, celui pendant lequel apparaissent les éléments qui constituent la subjectivation de l'individu : la conscience de *soi*, la perception de *l'adversaire* et la reconnaissance des *enjeux* par ceux qui tombent dans le vide, autant que par ceux qui essaient de dresser une muraille que les forces de décomposition ne pourront pas franchir, muraille qui est faite d'exigences morales plus que de lourdes pierres.

Quant au troisième moment, celui qui est encore le plus difficile à décrire, il est celui de la redescente des hauteurs du sujet vers le vaste monde des conduites et des relations sociales. Comment passer du principe à ses applications concrètes pour transformer l'espace où ne demeurent que les ruines des institutions anciennes ? Comment reconstruire des institutions, des relations sociales, des formes d'organisation qui permettent au sujet de pénétrer dans toutes les pratiques sociales ? Car c'est seulement par ce travail au cœur de la vie sociale que le sujet pourra créer, non pas des liens sociaux, mais la possibilité pour chaque individu de s'élever vers sa subjectivation et vers celle des autres.

VIII

L'apparition d'acteurs non sociaux

La logique de l'économie pure

Une crise économique apparaît le plus souvent dans les situations où l'argent sert à produire plus d'argent, et non pas à permettre la production. Cette formule, qui évoque la pensée de Marx, renvoie à la domination du capitalisme financier et même spéculateur sur l'économie réelle. Dans une crise il n'y a pas d'acteurs proprement sociaux, puisque les financiers ne se définissent que par le profit, y compris spéculatif, tandis que tous les autres, responsables d'entreprises, surtout petites et moyennes, et salariés, sont réduits au rôle de victimes. Pour la majorité des gens, la crise signifie avant tout le chômage ; pour plusieurs millions d'Américains, la perte de leur maison.

Mais cette situation ne tend-elle pas à se généraliser et à devenir permanente : déplacement des foyers de production d'un pays (ou d'un continent) à un autre, recherche par les entreprises de la « flexibilité » (c'est-à-dire de la soumission au marché, pas seulement du travail mais de la vie des salariés sous tous ses aspects) pour obtenir le plus grand profit possible ? Le déracinement est un point nodal de l'économie moderne, depuis le mouvement des *enclosures* en Angleterre, qui a chassé les travailleurs ruraux vers les villes. Il y a eu ensuite des vagues d'Allemands, d'Irlandais, d'Italiens et d'Espagnols poussés par la misère vers les États-Unis ou l'Argentine. Plus récemment, des Africains, des Maghrébins, des Antillais, mais aussi des habitants de l'Est européen, se sont dirigés vers l'Europe industrialisée. Parallèlement, des millions d'« Hispanos » sont entrés aux États-Unis, venus du Mexique, de l'Amérique centrale, de la Colombie, de l'Équateur et des Caraïbes.

Beaucoup voient dans ce déracinement et cette flexibilité une définition de plus en plus générale des sociétés industrialisées et capitalistes et considèrent comme normal cet afflux de populations qui quittent un monde rural ou urbain appauvri.

On peut parler de société et d'institutions en crise, aussi bien dans la perspective optimiste d'une grande marche vers l'Ouest, que dans la perspective pessimiste du déracinement des paysans pauvres du sud des États-Unis, dont l'écrivain américain Erskine Caldwell a si dramatiquement mis en scène les souffrances. Les moyens de production et de consommation, de commerce et de recherche transforment donc le monde, tout en menaçant la survie de ceux qui ne peuvent pas participer à ces transformations. Reconnaissons aussi les conséquences directes de la domination de ce que Georges Friedmann a appelé le « milieu technique » sur le milieu naturel. On ne peut certes plus opposer le naturel à l'artificiel ; on ne peut pas davantage imaginer la revanche de l'« Homme » sur les machines. Ni penser que le développement des techniques constitue par lui-même un mouvement de libération, même si Jean Fourastié et d'autres ont eu raison de dire que l'élévation rapide de la productivité à partir de la fin du XIXe siècle a été la cause de l'élévation du niveau de vie et de la diminution (moins rapide) de la part du temps consacrée au travail. Les activités de loisirs sont aujourd'hui largement orientées par les médias, et les formes les plus modernes de travail sont associées à des méthodes de gestion qui produisent un stress destructeur de la personnalité.

On ne peut parler ni de libération ni de destruction par le travail, car si les sociétés contemporaines nous enserrent dans un filet de plus en plus serré de contraintes, elles nous protègent aussi de mieux en mieux contre la maladie et nous assurent une vie prolongée, repoussant loin de nous la misère de masse que connaissent les sociétés moins bien équipées.

L'objectif de ces remarques est d'insister sur le fait que dans la situation post-sociale, ce n'est plus dans la vie « sociale » ou économique que se jouent les combats pour la liberté. L'élimination d'une forme de domination ne libère pas ceux qui étaient dominés ; elle ouvre la voie à une nouvelle forme, moins brutale mais peut-être plus étroite, de « surveillance », au sens donné à ce mot par Michel Foucault. Parler de libération par le travail, ou encore par une révolution qui transforme les relations sociales de production, a de moins en moins de sens ; à vrai dire ces « grands récits », pour parler comme Jean-François Lyotard, n'ont plus vraiment d'amateurs.

Cette constatation peut être interprétée de deux manières. La première revient à considérer que ce n'est plus le travail mais la consommation qui libère les hommes. La part du travail dans le temps de vie a été réduite par la diminution du temps de travail, l'allongement de la période de scolarité et d'apprentissage, ainsi que par la prolongation rapide de la vie au-delà de l'âge de la retraite. En outre, et par voie de conséquence, ce n'est pas davantage dans le monde social, et en particulier professionnel, qu'il faut chercher les fondements de la liberté et de la responsabilité de chaque individu. La seconde revient à reconnaître l'être humain comme *créateur de symboles*, et conduit donc à placer le monde de la *conscience* et des *droits* au-dessus de la vie sociale.

On ne peut certainement pas dire que la crise nous apporte davantage de liberté, mais on peut probablement penser qu'elle enferme tellement les individus et les catégories les plus diverses dans l'univers des intérêts dominants de l'économie et, dans les effets destructeurs des catastrophes économiques, qu'elle les pousse à chercher des fondements non sociaux à leur conscience et à leurs revendications.

L'idée d'une action purement économique qui n'est porteuse d'aucun projet politique ou social particulier correspond bien à ce que nous vivons aujourd'hui. L'enrichissement des financiers, puis l'écroulement des banques et des entreprises, ont dessiné une crise dans laquelle une grande majorité de la population est privée de point d'appui pour défendre ses intérêts ou limiter ses pertes. Par conséquent, si dans les mois et les années qui viennent certains indices continuent à indiquer un début de reprise de l'économie, et surtout de l'activité financière, sans que s'amorce la réduction du chômage, il est possible qu'une réaction populaire de grande force (ou même de grande violence) voie le jour. Mais celle-ci ne pourra en aucun cas contribuer à l'affirmation de la société nouvelle ; elle ne fera que traduire la faible organisation et l'absence de projets politiques de la population qui a été victime de la crise économique.

La fin du social

Les acteurs financiers, qui sont les seuls à posséder une capacité d'intervention ultra-rapide, sont les maîtres du jeu. Dans ces conditions, il ne suffit pas d'insister sur la contradiction entre l'organisation technique et l'organisation sociale du travail pour saisir la situation dans laquelle nous nous trouvons, car nous ne vivons plus dans une société industrielle ni même postindustrielle. La mutation est plus profonde, au-delà du recul relatif de l'industrie et du développement des services aux personnes et aux entreprises.

La domination de la production et des marchés par les

financiers, et non plus par les industriels, appelle un niveau d'analyse au-dessus de celui où se plaçait la connaissance des rapports sociaux de production. Passent ainsi au premier plan, d'un côté une économie financière éloignée de l'économie réelle, et de l'autre, des acteurs qui se définissent en d'autres termes que ceux de la société industrielle. Il est devenu par conséquent impossible de construire l'analyse à partir de la connaissance des formes d'activité productive pour monter vers les rapports de classes puis vers leurs expressions politiques et même culturelles. C'est cette réalité nouvelle qui autorise à qualifier les acteurs non plus comme sociaux, c'est-à-dire situés par leur place dans les rapports sociaux, mais comme identifiés par *leur rapport à eux-mêmes* et leur légitimité propre, celle-ci s'opposant à des déterminants qui sont de plus en plus définis en termes économiques globaux.

Toutes ces observations sont résumées par la formule : la *fin du social*, qui signifie la séparation entre le système économique, sur lequel personne ne peut plus prétendre exercer un contrôle réel, et la vie culturelle et politique, qui met en jeu les principes de liberté et de justice plus que les rapports de force. Cette expression, la « fin du social », peut apparaître excessive, mais elle n'est pas plus impropre que l'était le fait de parler, au XVIIIe siècle, de « société industrielle » alors que la production agricole jouait encore un rôle important. En effet, la dynamique de la société, surtout britannique, au XVIIIe siècle, était déjà orientée par la formation de la grande industrie.

L'essentiel est que, une fois dépassé le choc produit par cette expression, celle-ci nous aide à comprendre l'ampleur des transformations qui s'opèrent. Et de fait, elles sont plus profondes que celles qui ont accompagné le passage d'une étape de la société industrielle à une autre. De ce point de vue, la mutation que nous vivons est au moins analogue à celle qui nous a fait passer d'une société agricole, puis marchande, à la société industrielle. Le point essentiel est ici, comme je l'ai dit, de reconnaître que les acteurs ne sont plus motivés par leurs intérêts sociaux et économiques, mais par la volonté de défendre leurs *droits*, c'est-à-dire de fonder leur désir de liberté et de justice sur la conscience qu'ils ont de porter en eux le sujet humain.

Dans ces conditions, l'idée d'un conflit central proprement social doit être remplacée par l'opposition plus profonde entre le monde économique, considéré sous tous ses aspects, et celui de la subjectivité de plus en plus dominé par la référence directe au droit de chacun à être reconnu dans son exigence de liberté et de responsabilité. Le système, où les conduites de tous étaient jugées par référence aux besoins fonctionnels de la société, disparaît. Cette image interne de l'univers des rapports sociaux est remplacée par l'opposition, et même le conflit, entre le pouvoir dominant de l'économie et la référence aux droits du sujet humain.

La fin du social induit la transformation de tous les aspects de la vie collective et personnelle. Et si l'idée de *développement durable* est centrale aujourd'hui, c'est parce qu'elle émane de la prise de conscience la plus claire de la nécessité de reconstruire des institutions capables de contrôler la vie économique au nom de droits d'origine morale.

Au-delà des luttes de classes

La décomposition du système économique et social, la séparation de plus en plus complète de l'acteur et du système font qu'il est bien difficile d'identifier des acteurs sociaux dans le monde d'aujourd'hui. Ce constat ne saurait surprendre.

Il se vérifie aussi facilement du côté de l'élite dirigeante que de celui de la population salariée. Les économistes libéraux l'ont dit avec beaucoup de force : ils n'aspirent pas à la domination d'une catégorie sociale ; ils exigent seulement la soumission de tous aux règles rationnelles du marché, tout en reconnaissant que cette domination du marché peut avoir des effets négatifs si l'on ne fait pas respecter sa liberté. Il nous est facile de recevoir cette idée, d'abord parce que si l'économie et l'ensemble de la société étaient dominés par une élite dirigeante, on entendrait les protestations à haute voix de ceux qui sont dominés. Tout s'est passé au contraire comme si cette crise économique, au lieu de pousser la population « vers la gauche », l'avait orientée « vers la droite », dans la mesure exacte où elle se sent incapable d'agir et n'entend du côté des partis ou des syndicats que des déclarations qui ne sauraient être transformées en actions réelles.

En définitive, c'est au niveau de l'État que les deux types de demandes, celles des dirigeants et celles des salariés, se font entendre, non pas l'une contre l'autre, mais l'une et l'autre à travers ce tiers acteur qu'est la politique, où ce qui compte le plus est la capacité de négociation et l'influence politique. La vie politique n'est plus le lieu de la transcription des conflits d'intérêts en décisions politiques. C'est le champ politique lui-même qui prend l'initiative d'intervenir dans ces conflits devenus silencieux et d'agir au nom de critères qui sont les siens et qui ne correspondent ni aux intérêts des salariés ni à ceux des dirigeants.

Le vocabulaire de la philosophie sociale fait aujourd'hui une grande place à la notion d'*équité*. Cette idée s'oppose aux principes du libéralisme économique, mais elle écarte également les acteurs en conférant à l'État ou à des sages le soin de fixer le contenu de l'ordre jugé « équitable ». À ce compte, dans le passé, les mouvements sociaux – ouvriers, féministes ou décolonisateurs – auraient été vidés de toutes leurs forces.

L'État peut juger prioritaire de renforcer l'investissement ou d'augmenter les salaires, ou encore d'accroître les bénéfices répartis entre les actionnaires, en fonction de l'idée qu'il se fait de la force de chaque acteur et par conséquent des dangers qu'une crise fait courir à telle ou telle catégorie d'acteurs ou à lui-même. Nous sommes ici au plus loin du réalisme rationaliste prôné par nombre d'économistes et de dirigeants d'entreprise. Cette façon de procéder est en effet commandée par les intérêts propres d'un monde politique qui cherche à réduire pour lui-même les conséquences d'une crise que pourraient déclencher une rémunération insuffisante des actionnaires ou au contraire des salariés, ou encore une hiérarchie inadéquate entre les différentes catégories de travailleurs. Une telle politique souffre du manque d'un principe général d'action. Tout est soumis à l'évaluation par les pouvoirs politiques. Mais de fait, c'est la capacité des différents acteurs à maintenir la pression qui détermine le jeu. Le plus souvent, ce sont évidemment les dirigeants économiques et financiers, privés ou publics, qui l'emportent, parce que leur pression s'exerce au niveau le plus élevé. Inversement, quand les salariés manifestent leur mécontentement, même si celui-ci est largement justifié, le gouvernement, comme une partie de l'opinion publique, s'inquiète des menaces de trouble à l'ordre public qui pourraient s'ensuivre. Dans ces situations, il n'y a plus de liens directs entre les acteurs et le système, et c'est l'État qui est obligé de fixer, au nom du bien public, tel qu'il l'évalue, les priorités, contribuant par là même à l'affaiblissement des acteurs sociaux.

La séparation des acteurs et du système, et donc l'élimination de tout principe général de fonctionnement, tel que la lutte des classes autrefois, prive le système économique de toute possibilité d'autorégulation. D'un côté, les salariés ont des préoccupations de plus en plus larges, portant notamment sur l'éducation et la santé de leurs enfants ou leur propre revenu, tandis que les porteurs de capitaux se soucient de plus en plus de la concurrence internationale et veulent être payés des dangers qu'ils courent ou au contraire des avantages qu'ils apportent à leur entreprise par une bonne gestion sur les marchés internationaux. Cette réalité marque une transformation profonde par rapport aux premières décennies des sociétés industrielles. Alors qu'autrefois, c'était les salariés qui mobilisaient le plus facilement en leur faveur les biens publics ou une définition de l'intérêt général, aujourd'hui, c'est le contraire qu'on observe : ceux dont les demandes s'appuient sur le nombre ou sur l'agressivité sont de moins en moins capables d'atteindre leur but. Pour l'emporter sur ses concurrents, il faut se présenter comme le défenseur de l'intérêt commun – économique, social ou national. L'opinion demande l'intervention des États, mais ceux-ci se sentent impuissants face au capitalisme global.

Le jour et la nuit

Pouvons-nous maintenant apporter une réponse à la question posée au début de ce livre : comment la crise économique agit-elle sur l'évolution à plus long terme qui nous conduit vers la situation post-sociale ?

La réponse à cette question peut être ainsi formulée : la crise accélère la destruction de la société antérieure, puisque les acteurs sociaux sont affaiblis, tandis que les acteurs non sociaux, comme le capital financier d'un côté et l'appel au sujet de l'autre, prennent une importance croissante, limitée en principe dans les deux cas par les interventions de l'État. Mais d'un autre côté, la situation de crise retarde la prise de conscience par la population des changements en cours, dans la mesure où elle l'enferme dans le très court terme, et pour beaucoup dans une catastrophe personnelle, comme celle qui a déjà frappé un grand nombre de chômeurs américains, espagnols et anglais, et dont les conséquences se font aussi fortement sentir dans les autres pays industriels.

Et pourquoi ne pas combiner ces deux points de vue, qui apparaissent plus complémentaires que contradictoires ? L'élément positif de l'analyse anticipe la reconstruction de nouvelles institutions et de lois, et donc de la vie sociale en général. Son élément négatif est que l'individu s'intègre de plus en plus difficilement à la vie institutionnelle et à l'activité économique. En témoigne la part de l'économie illégale ou informelle qui ne cesse d'augmenter quand l'État a de la peine à contrôler des échanges de plus en plus largement souterrains. Tous les aspects de l'activité économique sont en crise, et nombreux sont ceux qui reconnaissent la nécessité de s'opposer activement à une telle évolution, tandis que les autres se contenteraient d'un contrôle social renforcé des banques et des entreprises.

Il y a peu de temps encore, on pensait que l'intégration sociale de la grande majorité des habitants d'un pays était à l'horizon, en particulier grâce au système de protection sociale ; cet espoir s'est évanoui, au moins en France.

De ce point de vue, si on compare la situation actuelle de l'Amérique du Nord et de l'Europe occidentale avec ce qu'elle était vingt ans plus tôt, on découvre un résultat imprévu présenté par l'INSEE. L'écart entre les catégories aisées et les catégories pauvres ne cesse de se réduire en France, grâce à la Sécurité sociale et à la redistribution des revenus, en particulier par l'impôt. Il est aujourd'hui passé de moins de 3,5 à 1, une fois déduits les impôts. En revanche, certaines catégories se détachent désormais de l'ensemble par le haut et par le bas. L'enrichissement extrême des plus hauts revenus est facile à constater quand la misère des plus pauvres – des chômeurs, de nombreux vieillards, mais aussi des jeunes et des ménages monoparentaux – se voit moins, bien qu'elle soit encore plus vaste que ne l'indiquent les statistiques officielles.

Dans cette situation de crise, se renforce ainsi une tendance générale de nos sociétés : les extrêmes s'éloignent de plus en plus de la valeur médiane, tandis que s'en rapprochent les classes moyennes et les salariés stables.

On peut aussi le dire ainsi : la reconduction des facteurs de changement propres à la société industrielle est de plus en plus malaisée, et l'intégration sociale devient un objectif illusoire. De fait, la crise a accru la proportion des marginaux et des exclus au sein de la population.

La sortie de crise, du point de vue strictement économique, autrement dit abordée en termes de production et de rapports sociaux de production, apparaît très menacée. C'est qu'on ne peut pas reconstruire le passé dans un monde à ce point bouleversé. Nous le comprenons d'ailleurs mieux qu'autrefois : cette sortie de crise ne saurait être définie en termes purement économiques ; elle doit l'être par la construction d'un nouveau système d'acteurs. Mais d'acteurs qui ne seront plus sociaux, puisque certains, les dominants, sont désormais inscrits dans une logique économique globale sur laquelle nul acteur social ou politique ne peut exercer un contrôle réel, tandis que d'autres, les dominés, en appellent à l'idée de sujet qui ne peut pas être réduite à une définition sociale.

Confirmation de l'hypothèse

L'hypothèse présentée au chapitre VI apparaît validée. Elle ne prétend en aucune manière relativiser l'importance des crises globales actuelles, dont les effets destructeurs se feront sentir encore longtemps. Mais elle souligne le triomphe de l'individualisme religieux.

Je parle d'individualisme religieux quand le principe de légitimité de l'action ne se trouve plus en dehors du monde humain, dans celui des dieux, de l'avenir ou des mythes, mais ne peut être trouvé qu'à l'intérieur de chaque être humain. L'individu-sujet se substitue à l'individu créé par Dieu ; c'est le sujet qui exerce le rôle créateur en ce qu'il donne aux êtres humains le « sens » moral de leurs droits, y compris en prenant en compte les conditions naturelles ou sociales dans lesquelles il peut les exercer.

La crise fait obstacle à l'avenir, moins parce qu'elle retarderait les innovations nécessaires, que parce qu'elle risque d'empêcher la formation d'acteurs non sociaux capables de remplacer les acteurs sociaux de la société industrielle.

Les mécanismes économiques se détachent des conduites sociales. Les défenseurs de la socio-économie ont mené une action critique très positive contre l'optimisme naïf des libéraux, qui est aujourd'hui rejeté par beaucoup. Mais plus importante que cette action critique est la disparition des acteurs proprement sociaux. La masse des phénomènes économiques écrase les initiatives sociales. Et si les acteurs ne peuvent plus être sociaux, et ne le veulent plus, c'est parce qu'ils changent de nature et en particulier de principe de légitimité.

La crise ne fait pas disparaître la conscience politique, mais elle sépare de plus en plus la vie politique, confuse et impuissante, des sensibilités, des initiatives et des discours qui se développent dans la société civile sans parvenir à se donner une organisation politique. D'un côté la masse économique du monde, de l'autre la protestation contre la violence des États, et surtout contre la logique « inhumaine » de l'organisation économique globale, ont fait naître des espoirs de libération. Mais comment des mouvements sociaux nouveaux et des institutions politiques transformées pourraient-ils se former si n'existe aucun passage de la compassion (ou de la colère) à une certaine forme d'intervention politique ? C'est à partir de la transformation acceptée des éléments premiers de la vie sociale qu'on peut envisager, à l'encontre de l'idée de rupture radicale, la reconstruction de liens collectifs et personnels entre les deux ensembles non sociaux. Mais comment imaginer qu'une nouvelle image du sujet humain puisse s'installer au cœur de la scène culturelle et sociale ? Il n'y a pas de fondement positif suffisant à l'affirmation du sujet ; elle a besoin du refus de la réduction des êtres humains à leurs conditions de vie et à leurs intérêts. Il y a dans l'idée de sujet ce qu'on trouve aussi de meilleur dans les pensées religieuses, et, dans le cas des derniers écrits de Sartre, dans l'espoir, c'est-à-dire dans l'invocation d'un principe, dans leur cas non humain, qui défend en chaque être humain ce qui est plus puissant que toutes les formes de pouvoir et de violence. Il ne pourrait exister de droits fondamentaux des êtres humains si l'opinion ne rejetait pas la prétention des détenteurs du pouvoir à les modeler selon leurs convictions, leurs intérêts ou les prophéties qu'ils émettent eux-mêmes.

Il est certes impossible de présenter notre époque comme celle du triomphe de la liberté humaine, alors que le XXe siècle restera avant tout celui des guerres mondiales, des camps d'extermination, de la bombe atomique et des assassinats en masse de bien des minorités et des populations. Mais ce qui fait du siècle qui vient de s'achever à la fois le plus épouvantable de tous et le plus créateur, est que ce qui rend « humains » les êtres humains est de moins en moins défini en termes sociaux, au point que c'est le détachement à l'endroit de nos rôles sociaux qui semble nous permettre d'approcher le mieux de notre humanité et de notre liberté. C'est la raison pour laquelle on observe un tel intérêt en Occident pour toutes les formes de pensées et de modes de vie qui s'opposent à l'utilitarisme.

Il devrait être aussi facile de reconnaître ces réalités que la globalisation et l'internationalisation des systèmes de production et de communication. Nous vivons dans un monde d'absence, de refus, de solitude. Ces conduites de non-participation au monde économique et de non-soumission aux obligations sociales amènent souvent à la désocialisation. Mais la puissance croissante du monde globalisé ne prive pas de tout espace d'action le sujet capable d'élever l'individualisme à un niveau pleinement universaliste. De ce point de vue, il ne faut pas plus adorer la globalisation qu'il ne faut la diaboliser. Tout dépend du sens qu'on donne à l'individualisme : effet de la désocialisation ou nouveau principe (non social) de création.

L'essentiel est de comprendre que la crise peut tout aussi bien écraser ceux qui veulent construire un monde nouveau que les renforcer dans leurs projets. On ne saurait dire seulement que la crise fait disparaître les acteurs sociaux. Notre espace de vie collective est pénétré à la fois par l'affirmation des droits des individus-sujets et par les effets destructeurs du système économique globalisé. Notre *ambivalence* à l'égard de la crise définit notre situation. Nous sommes devenus incapables de revendiquer, mais nous savons comment nous évader du monde de l'argent et du pouvoir, qui est aussi celui de la crise. La société, ébranlée et détruite par les jeux d'argent autant que par certains intérêts individuels, accorde aussi un espace plus grand à l'expression des droits personnels et collectifs. Même dans la consommation la plus immédiate, et surtout dans la vie sexuelle, se forment les expériences les plus élevées de soi-même et des autres. Inversement, cet espace d'appel à des droits peut cacher dans ses replis un communautarisme qui conduit au rejet de l'autre. Le moment de la crise, qui ébranle non seulement la vie économique mais aussi la vie sociale, nous révèle mieux que les périodes de stabilité les bouleversements et les ambiguïtés de notre situation.

Alors que la vie sociale fragmente de plus en plus nos activités et nos appartenances, la construction du sujet s'opère par une réintégration de toutes ces activités dans l'unité d'un projet de vie qui repose sur la volonté de chacun d'agir de manière conforme à la défense de ses droits personnels et de ceux des autres.

Du côté de Soulages

Il n'est plus possible de croire à la toute-puissance du progrès, au soleil qui s'élève vers le zénith en répandant sa lumière sur la terre tout entière. De tous côtés surgissent des images d'épouvante, qu'elles soient réelles ou de fiction. Le mot « tsunami » est entré dans notre vocabulaire, comme dans notre imaginaire les extraterrestres qui viennent conquérir et détruire notre monde, ou comme le film qui vient de nous annoncer la fin du monde pour 2012.

Nous sentons s'emparer de nous une vision complètement nouvelle de l'existence. La lumière était première, créée par Dieu (*fiat lux*) et, dans cette lumière, nous avions vu apparaître des objets si solides qu'ils nous ont engagés à développer une représentation objective de notre vie. Les machines et les techniques, puis l'exploration de la matière, améliorent aujourd'hui notre vie grâce aux bienfaits de la médecine et de la prévention sociale, mais la menacent aussi par l'intermédiaire de rapports de production pathologiques.

Et voici que les prophéties catastrophistes se réalisent, que les économies s'écroulent et que, au-delà du chômage, l'exclusion sociale s'étend.

Mais le moment n'est-il pas venu de renverser notre manière de sentir et de penser ? Les *écologistes* ont été les premiers à nous y inviter en reprenant à leur compte le message plus ancien du Club de Rome sur la nécessité de remettre en question la notion de progrès. Mais c'est un peintre qui nous apporte le message le plus clair. Il s'est imposé à lui à partir de 1979.

Pierre Soulages avait déjà derrière lui une œuvre considérable et partout reconnue quand il découvrit l'« outre-noir » qui est, dit-il, l'équivalent de l'outre-Manche ou de l'outre-Rhin. Il faut renoncer à s'attacher à la lumière et aux objets auxquels la lumière donne des contours et confère le poids de l'objectivité. Il faut traverser le mur du noir et découvrir les reflets de lumière qui se forment sur les arêtes de la peinture noire qui recouvre la toile. Là, nous ne voyons plus des objets nouveaux ; nous sommes entraînés dans l'interdépendance de l'œuvre, du peintre et du spectateur. Le tableau émet une lumière dans laquelle se trouve pris celui qui le regarde. Nous quittons alors le monde des objets et nous entrons dans celui des images, des représentations et des évocations qui changent à tout instant, en fonction de la position du tableau lui-même et du mouvement que fait celui qui le regarde en se déplaçant devant l'œuvre. C'est dans un monde de subjectivité et non plus d'objectivité que nous sommes entrés. N'est-ce pas ce que nous observons quand s'écroule l'espace social, quand grandit devant nous l'image d'une catastrophe qui nous jette dans le noir, et que nous ne pouvons dépasser qu'en laissant se créer en nous ce monde au-delà du noir, qui est celui des ombres et des lumières vectrices de paix ou de peur, de liberté ou d'enfermement ?

Et ce que j'appelle le *sujet* n'est-il pas le regard créateur de sens, face au non-sens qu'imposent les crises, le chômage, le totalitarisme ou le terrorisme ?

Face au noir qui étouffe la lumière et la couleur, l'outre-noir libère la conscience du sujet en la séparant de toutes ses formes sociales.

Comment ne pas regarder l'œuvre de Soulages comme celle qui va au-delà du noir et des couleurs obscures des dernières années de Mark Rothko, parce qu'elle est une exploration d'un au-delà qui est le monde de la création ?

IX

Nouvelles institutions sociales et politiques

Retour au social

Comment transformer un principe universel – le sujet, les droits humains – en formes d'organisation et de relations sociales ? Nous pensons aussitôt au passage de la croyance à l'Église et à la transformation de la mystique en politique, comme disait Charles Péguy, pour stigmatiser ceux qui convertissent leur engagement dreyfusard en carrière politique. Or, bien entendu, tout doit être fait pour éviter cette dégradation qui laisserait la vie sociale à la merci de la puissance du système économique et de la manipulation politique.

Le problème à résoudre est de recréer une vie sociale où, chaque fois qu'une telle manipulation est probable, puisse non seulement s'élever une digue juridique, mais surtout se faire entendre le rappel au sujet et à ses droits.

Il est facile de comprendre pourquoi on parle tant de la nécessité de recréer des liens sociaux et pourquoi beaucoup de sociologues pensent que cette reconstruction doit être l'objectif principal de leur travail. Ils rêvent de rétablir des relations de proximité et de protéger toutes les croyances et tous les engagements, sauf lorsqu'ils poussent à l'extrémisme, à l'intolérance et à l'arbitraire.

Renversons les termes du problème : comment éviter de se satisfaire de cette vie sociale défensive qui n'en appelle qu'à la sécurité et à la tranquillité, biens si fragiles qu'ils ne résistent pas plus à la pression du monde économique qu'à la formation d'identités agressivement closes ? Il faut en appeler au sujet, la seule force qui puisse prétendre faire jeu égal avec la puissance du monde économique, mais dont l'action ne peut être effective que si l'on transforme son universalisme en lois et règlements capables d'arrêter la marche conquérante de l'égoïsme économique.

Au lieu de songer à retisser des liens sociaux étroits, il faut donc en appeler au principe non social qu'est le sujet, qui seul peut résister aux pressions du profit.

Partout les relations et les pratiques sociales doivent être ouvertes ; partout il faut que soit pris le parti du plus faible. Depuis longtemps, et surtout depuis la naissance de la société industrielle, des lois s'efforcent de réduire les inégalités sous la pression de la majorité de la population et avec le soutien de ceux qui entendent le mieux l'appel du sujet. Mais leurs déclarations resteront sans force si elles s'en tiennent au niveau des mots. Elles ne peuvent être portées à l'incandescence que par l'appel des dominés à des principes universalistes, bien au-delà de la compassion pour les femmes victimes de la domination masculine ou pour les minorités de tous ordres, souvent exclues ou prisonnières de la ségrégation.

Il faut défendre ceux et celles dont les droits sont niés, et dont les souffrances ne sont pas reconnues dans un monde productiviste. Ce n'est pas seulement d'égalité des chances dont nous avons besoin mais de lutte contre le pouvoir des plus puissants et des plus riches. Car ce pouvoir supérieur est acquis trop souvent par des voies illégales, par la concussion et la corruption, par le chantage et la manipulation des textes et des institutions.

Il faut que partout se forment non seulement de sympathiques groupes de voisins ou des réunions familiales où les cousins éloignés apprennent à se connaître, mais des groupes de protestation et en même temps d'affirmation des principes les plus universels.

Ce n'est plus l'invocation d'un dieu, d'un progrès ou d'une classe sociale qui fera reculer la puissance anonyme de l'argent : c'est l'appel aux exigences à la fois individualistes et universalistes émanant du sujet. Les lois se partagent en deux ensembles d'un poids inégal : les unes s'attachent à gérer la vie économique à l'avantage des riches ; les autres défendent les droits humains, la justice et la liberté contre toutes les pressions. C'est ce second type de lois qui doit s'étendre, être mieux respecté, et faire reculer la prétendue neutralité axiologique. Mais cette justice ne saurait advenir si on ne grave pas un principe métasocial dans la pierre des institutions.

Or, nous sommes bien loin du compte, comme le montre la crise que traverse la démocratie. On l'avait voulue avec raison représentative ; encore faut-il identifier les intérêts représentables et assurer la sélection de dirigeants représentatifs. Dans ce domaine nous reculons, car nos sociétés ne se partagent plus entre une minorité de dirigeants et une majorité intégrée de travailleurs dépendants ou indépendants. Nous sommes de plus en plus entourés d'exclus et de précarisés, et ceux qui sont au sommet le doivent autant à leurs manœuvres qu'à la force conquérante de leurs entreprises. Il nous faut donc reprendre le chemin originel de la démocratie, qui va de bas en haut. Mais une démocratie participative rénovée n'est qu'un premier pas dans la bonne direction : il sera plus facile de défendre ceux qui n'ont rien au nom de principes universels, comme nous l'ont montré les textes fondateurs de l'Indépendance américaine et ce qu'écrivit la Constituante dans ses premiers mois, et en particulier la *Déclaration des droits de l'homme et du citoyen*. Il ne s'agit pourtant pas d'en revenir aux grands modèles du passé. La présence du sujet dans l'individu n'élève pas celui-ci au-dessus des autres ; elle l'engage au contraire du côté de la vie sociale. L'individu-sujet défend pour lui et pour les autres un *espace de liberté* grâce auquel l'individu ne sera pas réduit à ses rôles sociaux – et ne sera donc pas entièrement soumis au pouvoir.

Je ne prends ici que deux exemples, mais de la plus haute importance.

Le premier est l'*école*. Ceux qui ont défini l'éducation comme un processus de socialisation se sont trompés, au point de contribuer fortement à la perte d'individualité, d'indépendance et de responsabilité des jeunes. L'éducation familiale est plus importante encore du point de vue du développement de l'enfant, puisqu'elle domine les premières années de la vie. Or, de fait, si elle se heurte aux plus grands obstacles, elle est plus souvent orientée vers l'enfant que vers l'acquisition des normes, au contraire de ce qui était son rôle il y a encore un demi-siècle. Trop souvent les programmes scolaires sont définis par des enseignants pour les enseignants, et on juge l'élève en fonction de sa capacité à se conformer aux règles de l'école. La critique constamment faite à cette façon de faire repose sur l'idée que l'école sert avant tout de lieu de sélection sociale. Les élèves qui l'emporteront seront ceux qui accepteront les contraintes d'une forte sélection professionnelle qui caractérise les écoles publiques et surtout les lycées français. L'origine sociale supérieure, couplée avec une sélection scolaire, disent ces critiques, déterminent le recrutement de l'élite sociale et économique de la génération à venir. En outre, ce modèle antiégalitaire favorise la formation de dynasties sociales et d'esprits davantage portés à la soumission à la règle qu'à l'innovation. Ce thème, déjà ancien, de l'école comme instrument de *sélection sociale* continue à être solidement fondé, mais plus nouvelle est l'idée que le mode de communication entre l'enseignant et les enseignés a des effets souvent plus importants sur les résultats de ces derniers que l'origine sociale des élèves. François Dubet l'a fortement démontré en France, et l'action de cette variable se fait massivement sentir dans l'ensemble du système scolaire, et pas seulement dans sa fine pointe.

Ce qui indique la voie de sortie vers une solution. Les sociétés doivent d'abord être conscientes que leur système éducatif a un mauvais rendement : un monde en changement ne se satisfait pas de la soumission à des règles stables et rationnelles. Réduire la formation à un apprentissage aboutit à appauvrir et à détruire les esprits dans un monde complexe. Il faut donc absolument rejeter la *one best way* définie par Taylor et ses émules, tant dans les écoles que dans les ateliers.

L'école française est en fait l'une des dernières institutions à fonctionner sur le modèle industriel du XIXe siècle et du début du XXe. On ne peut pas davantage défendre un modèle scolaire qui, à l'inverse, vanterait les mérites des loisirs et des jeux, car cela favoriserait les élèves issus des classes les plus aisées, qui trouvent toujours un appui complémentaire dans leur famille. Il faut au contraire élargir la part de la personnalité de chacun qui est prise en compte et préparer les élèves à vivre dans un monde exigeant professionnellement, mais aussi multiculturel. Il n'est donc pas suffisant de donner à choisir entre une éducation rigide et une autre, plus souple. Car, par eux-mêmes, les deux systèmes peuvent favoriser ceux qui sont le mieux préparés à la sélection par leur milieu. Il faut repenser l'ensemble de la relation entre l'élève et l'école, en renonçant à l'idée trop étroite que celle-ci doit avant tout produire de bons travailleurs et de bons citoyens par l'usage intensif de la raison, du travail et du calcul.

Second exemple, le *travail*. Jusqu'à une date très récente, il était courant de poser le même type de questions au monde du travail, en dépit de l'abondance des publicités qui vantent la réalisation de soi dans l'entreprise. Car la transformation des méthodes de travail, qui a vu reculer le travail à la chaîne, a fait surgir d'autres contraintes : le travailleur doit aussi répondre aux exigences du marché et prendre sa part des difficultés de l'entrepreneur, alors qu'il n'a aucune prise sur son activité professionnelle. Le stress, le désespoir et de plus en plus souvent le suicide frappent ceux qui n'ont pas la possibilité de s'adapter à ces situations et à ces pressions. Ici aussi, les transformations à faire sont urgentes.

Du principe aux pratiques

Essayons de faire au moins quelques pas sur le chemin qui descend d'un principe supra-social, fondant l'universalisme des droits humains – droit à la connaissance, droit au respect, à la capacité créatrice. Il s'agit pour nous d'identifier les conditions de création d'un ordre économique et institutionnel qui respecte par-dessus tout ces droits universels.

Le premier pas à faire est la reconnaissance effective de tous ces droits pour tous, et en particulier pour ceux qui sont les plus faibles. Il faut ici parler de *solidarité*, car celle-ci est au fondement de la reconnaissance des droits des autres, car nous avons tous les mêmes droits fondamentaux. Si les gains très élevés des uns sont associés à la pauvreté de beaucoup d'autres, il faut assurer à ceux-ci les conditions de sécurité et d'indépendance qui leur permettront d'agir comme des citoyens, pour prélever une part importante du revenu des plus riches. Position qui renverse celle des démocraties censitaires, où seuls les propriétaires et les indépendants pouvaient être citoyens.

Complémentaire de la solidarité est la *confiance*, car celle-ci ne peut être accordée qu'à celui qui reconnaît les droits des autres, autrement dit qui admet un principe central d'égalité qui est, selon la solide conclusion de Norberto Bobbio, la composante principale de la démocratie.

Au-delà de ces premières observations, le raisonnement peut suivre la voie tracée par les conceptions modernes de la démocratie. Il faut ainsi que le pouvoir se forme à partir des demandes du peuple, qui doivent être portées dans le monde politique par des élus représentatifs de ces demandes populaires. Celles-ci doivent, elles-mêmes, être présentées sous une forme représentable. Enfin et surtout, comme l'ont tout de suite perçu les premiers théoriciens de la démocratie, il convient que le pouvoir exécutif, l'État, soit soumis au contrôle du pouvoir législatif et du pouvoir judiciaire et, finalement, que les électeurs puissent donner ou refuser leur soutien aux détenteurs du pouvoir politique.

Le chemin, qui s'étend du principe des droits fondamentaux à des institutions et à des lois, passe pour l'essentiel par la *démocratie*, dont les conditions d'existence sont de même nature – mais sous une autre forme – que le respect prioritaire des droits fondamentaux. Si l'on ne reconnaît pas à chaque individu des droits qui n'ont pas une origine sociale, puisqu'ils sont universels, on ne peut assurer ni le respect des lois ni la démocratie.

C'est ce qui rend si difficile de définir concrètement les conditions et les formes de construction d'un nouveau modèle sociétal organisé autour du thème des droits fondamentaux : droit à la connaissance et droit à la liberté. Car, à chaque étape, nous rencontrons des formes plus limitées de réorganisation sociale qui semblent se suffire à elles-mêmes et qui, pour cette raison, répondent mal ou pas du tout aux exigences du nouveau modèle sociétal. Rien ne le montre mieux que le thème, si puissant dans la pensée sociologique actuelle, du rétablissement nécessaire du *lien social*. Thème dirigé avec raison contre un individualisme qui porterait en lui la destruction de toute organisation sociale et de la confiance entre les acteurs. Nul n'a exprimé cette préoccupation avec autant de force que Robert Putnam qui, après avoir publié *Bowling Alone* (New York, Simon & Schuster, 2000), a organisé le mouvement *Better Together* et a participé avec Lewis Feldstein et Dan Cohen au livre *Better Together : Restoring the American Community* (New York, Simon & Schuster, 2003). Qui peut critiquer ou condamner la sociabilité ? Qui, en dehors de quelques personnalités et de quelques groupes spirituels, peut considérer la solitude comme supérieure par nature à la vie en famille, en couple, en groupe ? On peut même considérer que l'absence de liens sociaux est un obstacle aux conduites qui engagent l'universel et les droits.

Mais, parallèlement, la vie occupée par la pure consommation, par la recherche de l'intérêt ou par le refus des autres, constitue souvent un obstacle à ce qu'on peut appeler la montée vers l'universel. Et identifier la modernité à cet individualisme fermé aux autres et à leurs droits est une erreur complète. La recherche du lien social est avant tout recherche de relations en face à face ; mais il faut préciser aussitôt que beaucoup de conduites de niveau très élevé se développent dans nos rapports avec le « prochain », dans la famille en particulier, même si l'on doit se méfier des conduites inspirées par l'exaltation du sacrifice et du devoir, au détriment de la création et de la réalisation de soi. Sans entrer plus avant dans des analyses qui s'étendraient vite à une grande partie de la vie sociale, il faut éviter d'opposer les conduites universalistes à celles qui sont de nature familiale ou professionnelle. Il convient au contraire d'apprendre à distinguer l'individualisme fermé à toutes les formes de liens sociaux et celui qui les mobilise comme des moyens d'accéder à sa propre subjectivation, à la reconnaissance en lui du sujet, c'est-à-dire à la part d'universalisme qu'il porte en lui.

Le nouveau champ politique

Quels sont les effets de la crise actuelle sur la formation d'un nouveau type d'espace politique ? On n'a pas assisté à de grands bouleversements dans ce domaine, mais il s'est tout de même formé des politiques anticycliques qui ont limité les conséquences de la crise qui, sans elles, aurait pu être catastrophique, comme cela avait été le cas en 1929 et dans les années suivantes. Les interventions des États ont permis en effet de mettre un coup d'arrêt à une chute déjà longue, qui remontait aux dernières années du siècle précédent.

Cette crise n'est pas venue du bas mais du haut, et elle a surtout frappé les pays qui jouaient le rôle dominant. Associée aux échecs militaires au Proche-Orient, elle a contribué à priver les États-Unis de leur domination hégémonique sur le reste du monde. Il n'est plus possible, comme cela l'avait été à l'époque du président George W. Bush, de représenter les États-Unis comme le défenseur armé des « valeurs occidentales ». L'avenir de la puissance américaine dépendra désormais de son propre comportement et des intentions des autres pays, et notamment de ceux qui prétendent à une certaine hégémonie. Cette montée en puissance des grands pays émergents rend obsolète la représentation du monde sous la forme d'une pyramide de pays plus ou moins développés, en haut de laquelle trôneraient les États-Unis.

De tous côtés fusent des critiques contre ce qu'Immanuel Wallerstein a appelé l'« universalisme européen ». Expression qui recouvre en fait deux significations différentes. Que les Occidentaux aient conçu le monde entier et son histoire comme une montée vers l'universel qu'eux seuls avaient atteint est malheureusement un fait certain, et cette conception a réduit les autres peuples à jouer les élèves – et souvent les mauvais élèves. L'identification d'un pays ou d'une civilisation à l'universel est toujours inacceptable, car cela revient à confondre la modernité, qui est une et universaliste, et la pluralité des voies qui y mènent, parmi lesquelles celles qui ont été choisies en Occident n'ont aucune prééminence. Il est vrai que les Occidentaux, sous l'inspiration principale du christianisme, ont séparé depuis longtemps le spirituel du temporel, et ont introduit par voie de conséquence une référence à l'universel, par où se sont engouffrées la philosophie des Lumières, puis la philosophie de l'histoire (vue comme la marche du progrès). D'un autre côté, si les aspects sociaux et politiques de l'histoire occidentale peuvent être critiqués, comme sa prétention à l'universel *absolu*, il faut bien comprendre qu'il n'y a pas de modernité sans adoption d'une pensée « universaliste ». Mais elle peut apparaître ailleurs autrement.

Outre les sociétés occidentales, bien d'autres s'enferment dans l'idée de leur supériorité sur toutes les autres. C'est une déviation symétrique à celle que je viens de dénoncer. Ces sociétés se refusent à séparer l'universalisme de leur être particulier, qui peut même être parfois présenté comme l'expression d'un choix divin. Prétention qui doit être rejetée.

La revanche des États

Rien ne semble plus simple au premier abord que de prévoir le développement d'institutions, dont beaucoup existent déjà, capables d'intervenir au plus haut niveau de la société économique et financière globalisée. Mais la réalité a démenti cet espoir. La mondialisation économique n'a pas entraîné la mondialisation politique. La culture de masse américaine et japonaise gagne le monde entier, surtout parmi les adolescents, mais on assiste plutôt à la dissolution des formes culturelles anciennes qu'à la formation d'une nouvelle culture. La distance augmente entre les élites « globalisées » et le reste de la population.

C'est encore plus vrai pour la langue car, chez les jeunes surtout, la langue dominante est devenue celle des SMS, qui est un système mieux conçu pour exprimer des faits et des sentiments que des idées générales. Or, si ces réalités nouvelles s'imposent à tous, elles ne témoignent pas de la naissance de contenus nouveaux, mais bien plutôt de la destruction de certaines formes anciennes.

Quant à l'idée que nous appartenons déjà à une *société mondiale*, elle n'est pas confirmée, c'est le moins que l'on puisse dire, par l'expérience européenne. Et l'on peut aujourd'hui étendre cette conclusion à d'autres parties du monde.

Pendant longtemps les Européens, au moins en Europe occidentale, ont été proeuropéens pour mettre fin aux luttes entre les nations qui avaient détruit l'Europe et pour créer un ensemble économique comparable à celui des États-Unis, ou même de la Chine et de l'Inde. C'est parmi les Allemands que la foi en l'Europe a été la plus développée, parce qu'elle s'appuyait sur le rejet du nationalisme de leur pays. Elle a été appuyée par les écrits de Jürgen Habermas et par les discours de Daniel Cohn-Bendit. Mais qui parle aujourd'hui du « patriotisme de la Constitution » souhaité par Jürgen Habermas, alors que l'Europe a eu tant de difficultés à adopter une Constitution, fût-elle réduite à des mesures administratives et économiques ? La crise financière a privé l'idée européenne d'une grande partie de sa force, et c'est au retour des politiques nationales qu'on assiste, mais sans toutefois qu'elles débouchent sur un nouveau protectionnisme. Celui-ci a pu jusqu'à maintenant être évité par les grandes puissances occidentales, ce qui les a protégées d'une catastrophe encore plus grande.

Face à ce discours européen du passé, nous avons observé l'affaiblissement réel des cultures nationales. En même temps, les langues nationales ont été marginalisées par l'anglais, qui est devenu la seule langue des technologies avancées et des réunions internationales. Les publications et les spectacles nous ont familiarisés toujours davantage avec le genre de vie américain, et la culture de masse a fait pénétrer partout les westerns et les films de gangsters, mais aussi Marilyn et Woody Allen. On a même vu des nationaux issus de grands pays européens attacher de moins en moins d'importance à leur propre nationalité, tant il leur paraissait que la conscience nationale n'avait plus de réalité aujourd'hui. Un point extrême fut atteint quand le patriotisme sembla se limiter au monde du football. Encore, dans la plupart des cas, s'agissait-il d'un patriotisme de club plutôt que de nation, et de plus nul n'ignorait que les équipes en question étaient formées de joueurs souvent étrangers, brésiliens ou africains.

Quand éclata la crise du système financier international, centré à Londres et à New York, le projet d'une société mondiale s'évanouit.

Si les Américains jouent un rôle éminent dans les domaines de la science et de la technologie mais aussi dans les arts et les lettres, il faut rappeler que ces secteurs ne mobilisent qu'un faible pourcentage de la population nord-américaine, les autres vivant d'une manière très différente et le plus souvent dans un horizon limité. Et n'est-il pas frappant que le président Obama qui, en dépit de l'usure prévisible de sa popularité, bénéficie encore d'un appui très fort en dehors de son pays, soit le premier président américain sans origines européennes et qui porte des jugements si critiques sur les dirigeants européens ?

Reste à ajouter qu'en matière politique et culturelle, comme dans le monde économique ou en matière d'engagements militaires, il ne faut pas attendre de l'Europe qu'elle prenne des initiatives qui aboutiraient à instaurer des relations plus égalitaires au sein du monde occidental. La Commission européenne se considère de plus en plus comme chargée d'une bonne intégration de l'Europe dans l'économie globale et dans le cadre d'une politique internationale dominée par les

États-Unis. Il est vrai que certains pays européens commencent à prendre leurs distances. L'Allemagne en tête, qui veut maintenir sa politique d'exportation aux dépens de sa population et de ses voisins et, depuis le chancelier Schröder, commence à regarder vers la Russie. La France également, très ouverte à la culture des États-Unis, mais hostile à leur politique, et qui s'est opposée avec force et conviction à la guerre en Irak pour des raisons qui se sont révélées justes.

Comment une collectivité pourrait-elle assister sans réagir à sa dissolution dans l'espace globalisé ? Il se trouve ici ou là des individus ou de petits groupes, surtout professionnels, qui souhaitent s'intégrer dans la sphère américaine car les États-Unis restent le pays qui a la plus grande force d'attraction. Mais l'internationalisation des dirigeants économiques ne dit rien des vœux de la population en cette matière. Nous assistons au contraire à un regain de conscience nationale, en premier lieu dans les pays nés de la décolonisation, ou dans ceux qui se sont, depuis plus longtemps, libérés de la tutelle espagnole. Les pays de l'Europe centrale puis orientale, quant à eux, se sont d'abord soulevés contre Moscou. La dimension nationale de leur action fut partout importante même si, de Budapest à Prague et de Prague à Gdansk, le mouvement de libération s'est aussi associé au mouvement ouvrier, qui avait été dévoré par le pouvoir communiste, et s'est laissé porter par le désir de rétablir des liens avec un Occident auquel il se sentait appartenir. De même la Yougoslavie, créée et dirigée par les Serbes, a éclaté en luttes sanglantes, et à l'intérieur même de la Bosnie, Serbes, Croates et ceux qu'on appelle Musulmans se sont déchirés au nom d'une nation, d'une religion et d'une culture.

Dans d'autres pays, à l'inverse, on a vu l'État éclater ou disparaître. C'est le cas en particulier en Amérique centrale, et, plus clairement au Salvador, déchiré par une longue guerre civile, une forte crise économique et une lutte ouverte entre deux principales factions, les *maras*. Celles-ci ont été créées l'une et l'autre à Los Angeles, parmi les émigrés mexicains et salvadoriens, et elles entretiennent la violence tout en assumant en quelque sorte le rôle de l'État. Mais au-delà de ces cas dramatiques, rien ne permet de conclure que les États nationaux tendent aujourd'hui à se dissoudre dans l'univers des organisations supranationales.

Nouveaux acteurs

Tournons-nous maintenant du côté opposé, non plus celui de la globalisation, mais celui des formes d'action qui se substituent à celles des groupes d'intérêts sociaux, légitimant leur action par le recours au sujet et s'affrontant aux effets de la globalisation, processus lui-même situé au-dessus de la société et se tenant au-delà de sa capacité de contrôle.

Nous venons de voir que l'État national, dont on attendait le « dépassement », perd en effet de sa capacité d'action, mais qu'inversement il sort renforcé par la volonté de chaque nation ou de chaque région de se protéger des conséquences de la crise mondiale et de sauvegarder son passé, son héritage, sa langue et sa mémoire. Les problèmes posés par l'introduction du principe moral porté par le sujet sont évidemment d'une autre nature que ceux que pose la globalisation à l'identité nationale. Comment ce principe universaliste peut-il pénétrer dans des situations sociales particulières ? Car il va de soi qu'au sommet de la société, c'est-à-dire au niveau des gouvernements, tout discours moral ou philosophique est inaudible et que, dans la population, il suscite des réactions négatives, puisqu'il n'apporte pas de réponses pratiques et rapides à ceux qui sont saisis par la peur et la méfiance.

Mais il se trouve que dans la société civile, loin des centres du pouvoir politique et économique, l'accueil est bien meilleur et permet la formation d'actions collectives fondées sur la défense des droits humains, en particulier des plus défavorisés.

Certes, alors que les femmes sont devenues les principaux acteurs des transformations sociales, il faut bien convenir que la crise a provoqué un certain repli sur la vie familiale, quand les perspectives de la vie professionnelle se réduisent ou disparaissent. Beaucoup de femmes préfèrent, pendant une période qu'elles espèrent limitée, donner la priorité à la vie familiale et en particulier aux enfants, en cette période qui comporte les plus grands dangers pour eux. C'est la femme qui se replie sur la famille plutôt que l'homme, dans la mesure où le salaire de l'homme continue à être supérieur à celui de la femme, dans la grande majorité des cas, et que les stéréotypes traditionnels enferment plus fortement la femme dans la vie privée. On ne peut pas parler d'un véritable changement d'attitude à l'égard du travail, mais plutôt d'une perte de confiance dans les possibilités d'emploi et dans les conditions de travail, parmi lesquelles le déplacement géographique obligatoire joue un rôle déterminant. Mais cette réaction ne renversera pas les tendances profondes.

Quand les problèmes du travail devinrent les plus urgents et les plus massifs, à partir de la seconde moitié du XIXe siècle, des syndicats, des confédérations et des partis se formèrent pour organiser les luttes en faveur de la défense des droits des travailleurs. À rebours, aujourd'hui, la réduction lente, mais déjà marquée, de la part des activités industrielles dans la production générale, sous l'effet des délocalisations et de la concurrence des pays émergents, entraîne le recul général des syndicats.

Cependant, à un niveau moins organisé, se développe dans toute la société un grand nombre de mouvements dont les objectifs *culturels* le plus souvent proclamés s'inspirent du souci écologique face à une économie aveugle, pour défendre notamment l'environnement et les conditions climatiques qui sont nécessaires à notre survie. Ces mouvements de base en appellent aux droits des minorités comme à ceux de l'humanité tout entière. Dans nombre d'entre eux, la place occupée par les femmes est plus importante qu'elle ne l'était dans les partis et les syndicats, car tous ces mouvements ont des objectifs culturels qui ne peuvent être atteints que si l'on croit à la nécessité de combiner un point de vue économique avec les exigences de l'écologie et le respect des droits fondamentaux de tous. Les catastrophes que les scientifiques ont déclarées possibles deviendraient inéluctables si n'étaient pas engagés, dans toutes les parties du monde, des changements dans les conduites de production et de consommation.

Ce n'est pas la crise qui a provoqué la formation de ces mouvements mais, en affaiblissant les sociétés industrielles et postindustrielles, et en les faisant douter de leur avenir, elle a ouvert un territoire à la formation de nouveaux types d'action collective. Plus les aventures irresponsables du capital financier commanderont l'économie, et plus le caractère inéluctable des catastrophes annoncées se révélera tragiquement juste. Or, dès la fin de 2009, au moment où les banques ont connu un redressement spectaculaire, qui néanmoins n'indiquait pas la fin de la crise, on a vu les financiers se consacrer de plus belle aux « produits dérivés ». Comment cette nouvelle attaque du capital financier n'entraînerait-elle pas une maturation plus rapide de mouvements dont le but principal est la sauvegarde des droits fondamentaux de tous les êtres humains ?

Encore faut-il que cette action s'organise et reçoive des soutiens institutionnels, ce qui nous ramène pour un instant au thème du silence des victimes. Tant que la crise menace et bouleverse la vie de la grande majorité, il est difficile à celle-ci de s'organiser, tant chacun cherche d'abord à sauvegarder ses intérêts et ceux de ses proches. L'affaiblissement des partis de gauche a presque partout contribué à protéger les intérêts des groupes les plus favorisés ; mais ce paradoxe ne saurait durer éternellement. Une conjonction de problèmes généraux et d'incidents qui éveillent d'un coup l'opinion peut faire tomber rapidement un gouvernement qui semblait tout-puissant l'instant d'avant.

L'éclatement de la société a finalement contribué à détruire les acteurs sociaux, pas seulement au profit d'individus isolés et désocialisés, mais tout autant au profit de la capacité de chaque individu ou de chaque groupe à puiser une nouvelle légitimité en soi-même. Avec cependant une réserve : cette conscience des droits humains n'est accessible que pour autant que la société dispose d'une grande capacité à se transformer elle-même, c'est-à-dire si elle possède une forte *historicité*. Dans le cas contraire, cette reconnaissance du sujet n'est pas directe mais indirecte et doit opérer par l'intermédiaire de croyances religieuses, de la sacralisation de la société ou encore du recours à une philosophie de l'histoire en vertu de laquelle l'évolution doit aboutir au triomphe d'une nation ou d'une classe. En fait, dans tous les types de sociétés, des plus avancées aux plus faibles, il existe des obstacles et de fausses routes qui les empêchent de parvenir à la reconnaissance de leur propre capacité créatrice et plus encore de proclamer le droit de chaque individu à être reconnu et respecté en tant que sujet.

L'Europe entre deux refus

L'Union européenne actuelle fut créée en premier lieu pour mettre fin aux guerres qui avaient épuisé le continent. Mais rapidement ses buts, et même sa raison d'être, devinrent surtout économiques. Il s'agissait d'adapter les pays européens à la formation, partout dans le monde, de grands ensembles économiques et politiques. On aurait donc pu s'attendre à ce que, face à une crise économique grave, l'Union européenne montre sa supériorité sur chaque État. Or, depuis longtemps déjà, l'esprit européen a perdu de sa force. C'est que la construction de l'Europe s'est avérée difficile. Parmi les nouveaux pays-membres, les anciennes républiques issues du camp soviétique sont entrées dans l'Union avec plus de méfiance que d'espoir. La Pologne, toujours soucieuse d'une possible attaque russe, comptait davantage sur les États-Unis et leur force militaire que sur l'Europe. De leur côté, les pays déjà membres de l'Union n'ont accepté de se soumettre à un système constitutionnel qu'après plusieurs échecs et une mise en cause du texte d'origine qui définissait les pouvoirs respectifs de l'Union européenne, du Parlement et de la Commission.

Face à la crise bancaire et au risque d'un écroulement total du système financier, ce n'est pas l'Union européenne qui a joué le rôle principal. L'Europe, dès sa création, avait d'ailleurs évité de se doter de pouvoirs d'intervention, civile ou militaire, dans les affaires du monde. Néanmoins, plusieurs contingents armés venus de divers pays européens, y compris d'Allemagne, participent à une intervention militaire en Afghanistan. (Situation différente, c'est à noter, de celle de la guerre en Irak, à laquelle plusieurs pays européens, comme le Royaume-Uni et l'Espagne, avaient activement participé, et avaient renversé le gouvernement de Saddam.) Quoi qu'il en soit, les problèmes internes de chaque État, pensent les opinions publiques et les partis, ne sauraient être laissés aux mains lointaines de l'Union européenne. La diversité des situations, de l'Ouest à l'Est et du Nord au Sud, confère en outre naturellement aux États une plus grande autonomie.

La faiblesse de l'Union européenne a créé une situation paradoxale. Les Européens continentaux ont subi les effets d'une crise déclenchée par la City et Wall Street. Or, ces deux super-grands ont été rejoints par l'Inde et par les pays pétroliers pour freiner à Copenhague les projets d'accord sur la protection du climat, alors que les États-Unis et la Chine sont les deux plus grands pollueurs au monde. Pendant ce temps, les Européens ont appris à restreindre leur consommation d'énergie et à troquer la baignoire pour la douche dans un geste presque dérisoire comparé à l'importance de la consommation de charbon par la Chine. Tout se passe, au fond, comme si les Européens étaient tout à fois invités à faire des sacrifices et à subir plutôt qu'à agir, laissant aux nouveaux pays émergents et aux États-Unis les postes de commande du monde qui viendra après les crises.

De fait, la crise économique place l'Union européenne devant un choix d'une extrême importance. Face à la montée très rapide en puissance de la Chine et de celle, plus lente, de l'Inde, mais aussi du Brésil, l'ensemble des Occidentaux, européens et nord-américains, s'interrogent pour déterminer quelle est la meilleure manière de se défendre : est-ce en accélérant l'intégration du monde occidental sous direction américaine ou, au contraire, en substituant au système actuel une *relation plus égalitaire* entre les États-Unis et l'Union européenne ? Il y a longtemps déjà que l'idée d'une Europe réclamant l'égalité avec les États-Unis avait disparu de notre horizon politique, et le général de Gaulle ne semblait plus, depuis les années 1970, avoir beaucoup de partisans ni dans les chancelleries européennes ni au sein de la Commission elle-même. Or, ces idées reviennent sur le devant de la scène, et pas seulement en France, tandis que certains, encore isolés, il est vrai, ont déjà pris position en faveur d'une Alliance atlantique équilibrée entre les États-Unis et l'Europe. Mais n'est-il pas trop tard et l'Union européenne n'est-elle pas le linceul d'une Europe devenue fantôme ? Oui, la principale victime des crises actuelles est bien l'Europe, mais celle-ci est aussi responsable de sa propre faiblesse.

L'échec du modèle rhénan

Les débats actuels ne sauraient uniquement porter sur des thèmes économiques et sur la recherche de protections en cas de nouvelle crise ; ils ont nécessairement aussi des aspects militaires et diplomatiques, car il s'agit avant tout de savoir si l'Europe est capable de revendiquer pour elle-même un rôle important dans les affaires du monde. Concrètement, l'Europe est-elle en mesure de proposer une politique originale à l'égard du monde musulman, différente en tout cas de celle que les États-Unis ont appliquée face au monde arabe ? On pourrait imaginer, dans cette perspective, que l'Europe choisisse de s'adresser en priorité à des pays qui n'ont pas été colonisés par les Européens et qui jouissent d'une tradition étatique forte. Le pays que cette définition désigne le plus clairement est évidemment la Turquie. Mais nul n'ignore que certains pays européens s'opposent à son intégration dans l'Union européenne et que l'hostilité du président français à cette entrée constitue une difficulté supplémentaire car beaucoup de pays hésitent à entrer en conflit ouvert avec la France. Il ne pourra donc s'agir que d'une évolution à long terme, même si le succès reste vraisemblable. Si on est optimiste, on peut même imaginer que le choix d'une telle politique internationale ait des effets décisifs en Iran, pays qui correspond aux deux critères mentionnés – puisqu'il n'a été colonisé que par la Turquie. On peut penser aussi et surtout que l'Europe serait bien inspirée de jouer un rôle plus actif dans la recherche d'une solution au conflit entre Israéliens et Palestiniens. Tout cela est assez loin de nous et, si nul ne peut souhaiter l'échec de la construction européenne, il faut reconnaître qu'elle a davantage servi à redistribuer la richesse des pays de l'Europe occidentale dans le reste du continent – depuis l'Espagne, dont la modernisation fut un grand succès, jusqu'aux pays ex-communistes – qu'à donner aux Européens le moyen d'être entendus par l'ensemble du monde et de jouer un rôle important sur la scène internationale.

Étudiant la période de l'après-guerre, celle de la reconstruction des économies et des États, Michel Albert avait distingué deux modèles opposés en matière de politique économique : un modèle rhénan et un modèle libéral (appelé aussi atlantique). Le modèle rhénan s'avérait en réalité composé de deux types différents : d'un côté le modèle germano-français, fondé sur une politique sociale avancée, soucieuse avant tout de lutter contre les inégalités ; de l'autre, le modèle scandinave, beaucoup plus actif socialement au prix d'une politique fiscale lourde, mais assurant aux individus des avantages sociaux très importants, tout en maintenant des positions fortes dans l'ordre économique mondial.

On peut résumer la transformation des politiques européennes à partir des années 1970 en parlant du recul et de la perte d'influence du modèle rhénan, tandis que se répandait le modèle atlantique, soutenu par les États-Unis et préféré par les pays ex-communistes qui ont toujours placé leur confiance dans l'armée américaine.

Pendant le dernier quart du XXe siècle, on a vu en effet s'installer un déséquilibre de plus en plus grand entre les deux principaux partenaires, américain et européen. En Europe, l'affaiblissement des divers partis « ouvriers », partis communistes d'abord et partis socialistes ensuite, et même des minorités radicales et plus encore celui des syndicats depuis la défaite décisive que leur avait infligée Margaret Thatcher en Grande-Bretagne, ont provoqué un fort recul des projets de « gauche ». En France, la syndicalisation a presque disparu dans le secteur privé, à l'exception de quelques très grandes entreprises, et n'est forte que dans les grandes entreprises du secteur public. Cet affaiblissement de l'acteur syndical et politique a entravé l'intervention de l'Union européenne qui, au contraire, s'est donné comme objectif principal la compétitivité mondiale de l'Europe en partageant l'idée (conservatrice) de la priorité à donner à la destruction des obstacles à un développement stimulé par l'effacement des frontières économiques.

L'opinion publique ne s'y est pas trompée ; le soutien qu'elle a apporté à la construction européenne n'a cessé, pour cette raison même, de se détériorer. Les grands pays européens ont tous refusé de s'engager en direction du modèle fédéral, et les défenseurs de l'intégration économique ont raison de soutenir que celle-ci est encore très loin d'être réalisée, en particulier dans le domaine budgétaire, et par conséquent dans celui des politiques sociales. La longue évolution, qui avait conduit l'Europe occidentale d'une industrialisation socialement violente à des politiques sociales introduites sous l'influence des syndicats, s'est finalement renversée en son contraire. Au cours du dernier quart du XXe siècle, le modèle libéral, celui des États-Unis et de la Grande-Bretagne, l'a emporté sur les autres, et d'autant plus complètement que les organisations de défense des travailleurs étaient elles-mêmes affaiblies, en particulier par le radicalisme des secteurs les plus actifs mais aussi par l'opposition de nombre d'entreprises à toute négociation.

Une autre faiblesse européenne réside dans le fait que les entreprises n'ont pas pris une part suffisante, surtout dans les pays latins, à la charge indispensable que représentent la recherche, l'enseignement supérieur et l'innovation technique, qu'il faut regarder en réalité comme des investissements plus que comme des charges. Cette faiblesse est particulièrement marquée dans un pays comme l'Espagne, qui a pourtant réussi un admirable *come-back*. En France, la capacité d'impulser des projets à très long terme n'a cessé de faiblir, et notre pays vit encore en partie sur l'héritage de la période gaulliste et de ses grandes initiatives. La création d'une monnaie unique, à laquelle ont adhéré un grand nombre de pays, mais pas la Grande-Bretagne, a eu l'avantage de réduire à néant toute politique de dévaluation concurrentielle. Mais cette option correctrice n'a pas été complètement suivie d'effets : il lui aurait fallu d'autres stimulations. Et ce n'est pas par hasard si la Grande-Bretagne et la Suède, qui ne sont pas membres de la zone euro, ont obtenu de meilleurs résultats que ceux des pays qui en font partie. Certes, ces faiblesses de la zone euro et de toute l'action européenne peuvent toujours être corrigées par de nouvelles politiques économiques, mais de plus en plus difficilement, dans la mesure où l'affaissement de l'Europe a entraîné une forte poussée de la xénophobie qui, après avoir connu un grand essor en France avec le Front national de Jean-Marie Le Pen, s'est étendue à un grand nombre de pays européens, à l'exception heureuse de l'Allemagne.

Les résistances corporatistes ont elles aussi contribué à affaiblir la capacité des pays européens à entreprendre une politique plus active dans les secteurs de pointe. Mais le facteur le plus décisif dans ce retard aura certainement été le manque de volonté des Européens de construire une politique tournée vers l'avenir. L'Europe préfère manifestement construire des musées pour attirer les touristes que des laboratoires et des centres techniques pour accroître sa capacité d'initiative et de production. On voit donc mal comment, dans les années qui viennent, la crise actuelle pourrait cesser de freiner sa modernisation.

On peut cependant penser que l'Europe, qu'il est plus juste dans les circonstances présentes d'appeler la zone euro, est aujourd'hui contrainte de reconnaître la nécessité urgente pour elle de se donner une capacité d'action collective beaucoup plus grande que celle dont elle s'est satisfaite depuis ses débuts. L'opposition au traité de Maastricht qui avait triomphé, en France en particulier, ne peut signifier aujourd'hui que la disparition de la zone euro. Il est vrai que partout se font sentir de fortes poussées de type protectionniste et nationaliste dans lesquelles se mélangent un protectionnisme économique et une xénophobie à laquelle les pays scandinaves sont particulièrement sensibles. Mais il reste peu probable que des pays importants prennent le risque de s'isoler et de s'exposer aux réactions prévisibles des pays qui se sentiraient menacés par une décision unilatérale de dévaluation.

On a vu, dans la seconde étape de la crise grecque, la zone euro décider à la dernière minute, et malgré les fortes réticences de l'Allemagne et de la CDU elle-même, de la création d'un fond important de garanties des emprunts souverains. Mais nombreux sont les économistes qui ont immédiatement réagi en affirmant que ces fonds de sécurité auraient dû être beaucoup plus importants car ils auraient besoin pour répondre à des crises très possibles de sommes pouvant aller jusqu'à 2 000 milliards d'euros. En effet, on a vu au milieu de l'année 2011 des opérations financières se lancer avec violence contre l'Italie, dont la situation politique semblait très fragile, et même, dans des conditions qui manquaient de sérieux, contre la France, il est vrai fortement engagée au moins par deux de ses principales banques dans l'économie grecque.

Ces crises ont fait progresser l'idée de créer des eurobonds qui introduiraient une solidarité beaucoup plus forte entre les pays membres. Mais ce projet continue de se heurter à de fortes oppositions en Allemagne. Ce pays a d'ailleurs multiplié les signes de sa volonté d'indépendance économique, en particulier en décidant de manière brutale et unilatérale, au lendemain de la catastrophe japonaise de Fukushima, d'abandonner la production d'énergie nucléaire, ce qui implique le recours, au moins pendant une longue phase de transition, à des sources d'énergie plus polluantes comme le gaz ou même le charbon.

Comme rien ne garantit ce que seront les positions françaises au lendemain des élections présidentielle et législative du printemps 2012, on est forcé de conclure que l'Europe, qui a pris la mesure des dangers qui la menacent, n'est pas encore certaine d'avoir assez confiance en soi pour faire un pas en avant décisif vers son intégration économique et surtout financière.

On peut seulement souligner que l'Europe – en tant que zone euro – est de plus en plus consciente de la nécessité de s'engager vers une plus forte intégration mais sans être encore certaine d'être prête à engager effectivement des transformations qui auraient des effets sur tous les aspects de la vie du continent.

La recherche engagée

Mais, encore une fois, il ne saurait être question ici de privilégier une reconstruction de la social-démocratie ou, à un niveau plus psychosociologique, des liens sociaux. Cette perspective appartient au passé plus qu'à l'avenir, et le mieux que nous puissions en attendre serait d'enrayer le recul de la protection sociale ou l'appauvrissement des hôpitaux et des universités. Il ne s'agit pas davantage de reconstruire une société à partir des relations familiales, amicales ou de voisinage et jusqu'au sommet grâce à une démocratie participative élargie. Ceux qui défendent le thème de la création de nouveaux liens sociaux se rendent utiles à la société mais dans des limites bien étroites, parce qu'ils se satisfont d'une analyse de la vie sociale qui se réduit à la placer sur l'axe intégration-désintégration, version simplifiée à l'extrême de la sociologie classique. Or, c'est d'un point de départ opposé qu'il faut entrer dans l'analyse et définir les actions possibles. La seule résistance efficace à la domination de l'univers économique globalisé est en effet l'appel le plus direct possible au sujet, c'est-à-dire aux droits fondamentaux et universels des êtres humains. À tous les niveaux, il faut s'engager dans des actions défensives mais, plus encore, contre-offensives.

De ce point de vue, il ne s'agit pas d'organiser une action massive, mais des activités individuelles ou collectives dans lesquelles chaque individu soit *engagé* et non intégré. Loin de l'appartenance, il faut rechercher l'*exemplarité*. C'est pourquoi les petites communautés utopiques, exemplaires, ont un rôle important à jouer, alors que le communautarisme est toujours dangereux. L'individu ou le groupe n'ont de rôle positif que s'ils portent en eux, et de la manière la plus directe possible, la référence au sujet. Et celle-ci ne risque pas de sombrer dans le moralisme, tant la menace d'une nouvelle crise économique et sociale est grande : dans ces conditions, il n'y a place ni pour l'isolement égoïste, ni pour l'indifférence à la nécessité de défendre des droits constamment menacés.

Certains s'inquiètent de ces choix de valeurs et dénoncent le danger qu'il y a à s'éloigner de l'analyse objective. Nul ne peut nier le danger que recèlerait la réduction de l'analyse du sociologue au décompte des opinions et des conceptions de la vie humaine. Mais il ne suffit pas d'être objectif ; il faut aussi savoir reconnaître les jugements de valeur qui conduisent les acteurs, surtout au lendemain d'une époque qui a été dominée par les totalitarismes. Qui peut parler « objectivement » de la Shoah ? Seul le rejet absolu du Mal permet de comprendre ce qu'il fut, comment il naquit, pourquoi on le laissa se développer – et pourquoi plusieurs de ceux qui étaient informés de l'existence des camps de la mort choisirent de ne pas parler.

Ceux qui prétendent ignorer l'idée de sujet, ou qui la rejettent, travaillent à l'aveuglement de ceux qui ont besoin de durcir leur regard pour dénoncer toutes les formes de destruction des droits fondamentaux.

Conclusions

La crise qui éclata le 24 octobre 1929 ne fut pas résolue. L'Allemagne, la première, en sortit par la politique de réarmement et de mobilisation menée à partir de 1933 par le régime nazi. Les États-Unis et la France connurent dans les années 1930 un grand mouvement social qui leur permit de rattraper le long retard de leur politique sociale, mais les États-Unis ne sortirent de la crise qu'avec leur entrée dans la guerre. La Grande-Bretagne et la France révélèrent à Munich leur lâcheté, qui encouragea Hitler à déclencher la Seconde Guerre mondiale en 1939. C'est donc de la politique plutôt que de l'économie que dépendit le sort des principaux pays industriels. Le Japon, quant à lui, était depuis plus longtemps militarisé et engagé dans des guerres de conquête en Mandchourie, en Corée et avait annexé Taiwan.

Ce qu'on appelle la crise actuelle, qui éclata en 2007 et atteignit son sommet le plus dangereux en septembre 2008, ne se transforma pas, grâce au président Obama, en crise générale, systémique, de l'économie occidentale et même mondiale, mais sa cause ne fut pas éliminée. Le secteur bancaire retrouva vite sa prospérité, tandis que l'économie des nations, et en premier lieu de l'Islande, de l'Irlande et de la Grèce, était menacée d'une faillite que seule l'intervention des principaux pays européens et du FMI, permit d'éviter. Fin 2010, tandis que la plupart des continents sont en forte croissance, l'Europe semble condamnée à la stagnation.

Le livre que vous venez de lire nous a conduit vers une image de la crise actuelle, certes moins dramatique que celle de 1929, mais plus inquiétante et encore plus difficile à surmonter. Car les effets de cette crise sont multipliés par les effets de la globalisation économique et financière qui détruit tous les liens entre l'économie et la société. Il n'y a plus de solution « interne » possible à la crise ; celle-ci ne peut plus être surmontée par des réformes et un meilleur contrôle des opérations financières.

Nous n'apercevons que deux sorties de crise possibles : l'une par la catastrophe, au moins en Europe, et l'autre par la création d'une nouvelle vie sociale, reposant non plus sur une redistribution des revenus nationaux, mais sur l'affirmation de la défense des droits universels de l'homme comme seule arme possible contre le triomphe apparent de l'économie globalisée. Cette expression, qui semble relever du seul imaginaire, doit au contraire être prise au pied de la lettre. Il faut reconstruire toutes les institutions sociales et les mettre au service de la subjectivation des acteurs et du sauvetage de la Terre et non plus du profit. Chacun sent que la difficulté est immense et l'échec très possible, mais aussi que les termes que j'emploie indiquent la seule solution positive d'une crise qui va au-delà du fonctionnement de l'économie, puisqu'elle se produit dans un monde où tous les liens de l'économie et de la société ont été rompus par une globalisation de l'économie sur laquelle personne ne parvient plus à exercer de contrôle.

Cette dernière phrase porte en elle la conclusion de cette étude. Car la transformation à long terme la plus importante de la vie économique et sociale est le remplacement des conflits entre acteurs sociaux (qu'on peut appeler classes) par une contradiction entre le système économique, surtout quand il est conduit par des objectifs purement financiers, et des acteurs qui s'opposent au règne de l'argent au nom de principes plus moraux que sociaux (comme le droit de tous à la vie, à la sécurité, à la liberté) qui doivent être sauvegardés ou redécouverts.

En traitant de globalisation des systèmes de production ou même du capitalisme, nous avons déjà souligné la séparation du fonctionnement des systèmes, transformé par les nouvelles technologies de communication, et des conduites des acteurs qui comportent toujours, elles, un temps de réflexion, de choix et d'orientation. Les acteurs sociaux ont peur que les crises parviennent à détruire la vie sociale, sans que les hommes, fussent-ils armés de techniques puissantes, puissent maîtriser les crises, car les systèmes économiques mettent en jeu des forces qui ne laissent aucune place aux représentations et aux interventions des êtres humains. Plus la séparation s'élargit entre l'objectivité des sciences de la nature et l'appel constant des sciences de l'homme à la subjectivité, et surtout à la subjectivation, et plus l'espace qui les séparait, mais les unissait aussi, se vide de son contenu. L'idée de société est détruite. Sa disparition implique la séparation complète de l'analyse des systèmes et de celle des conduites et des représentations : il est aujourd'hui impossible de donner des interprétations anthropomorphiques des systèmes sociaux.

Il n'est pas nécessaire de penser cette rupture sous la forme la plus extrême ; on peut considérer que la notion de société ne disparaîtra pas complètement, pas plus qu'une ville bombardée ne disparaît. Les deux derniers siècles ont accru la pression que les sciences de la nature exercent sur les sciences humaines, surtout lorsque celles-ci recourent à des formes déjà périmées de la pensée scientifique, comme l'a montré Edgar Morin. Mais ce scientisme ne résiste pas mieux à la transformation de la pensée scientifique qu'à celle des sciences humaines.

Il faut accepter de parcourir deux chemins opposés : celui qui ouvre sur la découverte des mécanismes de plus en plus complexes qui sont à l'œuvre dans la nature, y compris humaine, et l'ensemble des efforts qui ont permis de concevoir des acteurs sociaux de plus en plus vivants, depuis l'importance donnée aux interactions et aux modes de contrôle collectif dans l'économie, jusqu'à la recherche du sujet individuel ou collectif à travers les comportements politiques. Cette séparation du sujet et du système, c'est-à-dire en un mot la disparition de l'*acteur social*, a été accompagnée, depuis le siècle des Lumières, par des appels au sujet qui ne s'adressent plus aujourd'hui à un *sujet social* mais à un *sujet personnel*, *moral*. À la fin d'un XXe siècle, qui a été en grande partie dominé par des guerres entre États totalitaires, nous redoutons comme la peste toute association entre la science et l'idéologie politique. Les acteurs se définissent de moins en moins par leur appartenance à la société et se rattachent de plus en plus clairement par leur référence à l'idée de sujet, considéré comme la capacité des êtres humains à se constituer, grâce au langage, aux représentations artistiques et à la création d'un « au-delà » – considéré comme l'origine de leur propre créativité – comme les garants de leurs droits. Nos œuvres matérielles et intellectuelles manifestent de plus en plus clairement la séparation dans la vie humaine du monde des faits et du monde des droits, et nous aident à comprendre que le principe de légitimation de nos conduites est en nous-mêmes, qu'il provient de notre capacité de créer un monde de droits et de le protéger contre les attaques venues de systèmes inhumains.

C'est donc aujourd'hui qu'apparaît en toute clarté la séparation des mécanismes économiques objectifs et du principe moral et culturel de défense des acteurs par un retour sur eux-mêmes et par une réflexion sur leurs droits, en vertu de la capacité des êtres humains à modifier leur situation, et ainsi à acquérir une représentation plus ou moins directe du sujet qui transforme l'individu ou le groupe d'un être de fait en un porteur de droits. Entre ces deux mouvements opposés, et qui souvent se sont combattus, l'espace intermédiaire, que nos prédécesseurs avaient défini comme social, se vide. Le XXe siècle a laissé plus de ruines sociales que de nouvelles constructions. Parler de ruptures et de crises ne signifie nullement que le sens de l'avenir se révèle en des moments précis. C'est pourquoi j'ai indiqué d'emblée que le thème de ce livre était l'*interaction* entre une *crise*, dont le point de départ peut être daté, et l'*évolution* à long terme, qui fait émerger la *situation post-sociale*. Nous avons constamment besoin de nous situer dans une histoire longue.

Dans les sociétés prémodernes, les techniques et les formes de gouvernement étaient souvent indissociablement liées avec une religion ou avec un type d'organisation familiale. Aujourd'hui, ces deux ordres de réalité sont presque complètement séparés et des populations humaines défendent une conception des Droits de l'homme qui s'oppose à la violence qu'entraîne toute union du pouvoir temporel et du pouvoir spirituel, d'un appareil technique et d'une représentation du monde. Nous vivons en fait, lorsque nous ne sommes pas submergés par une vague totalitaire, une double expérience : celle de l'augmentation accélérée de notre connaissance de la nature, et celle du respect de l'être humain, c'est-à-dire des droits universels de chaque individu considéré comme sujet.

Mais soyons bien conscients que des deux côtés, tant de celui des droits personnels que de celui des systèmes complexes, il existe des tendances négatives. Et c'est parce que nous le savons que nous ne croyons plus au progrès. Les découvertes de la science moderne peuvent être employées pour faire la guerre autant que pour faire la paix ; de la même manière, l'appel à une identité, qui conduit à respecter les différences entre les êtres humains, peut aussi conduire à leur réduction à des appartenances biologiques, ethniques ou religieuses. Le temps des guerres entre nations s'éloigne de nous, au moins en Europe occidentale, mais sans disparaître complètement. Les guerres entre empires ont perdu de leur importance depuis la destruction de l'Empire soviétique, mais nous sentons monter autour de nous de nouvelles manières de nier l'existence de l'Autre et de ses droits. Profitons des inquiétudes actuelles pour devenir plus conscients de ce qui nous permet de réclamer des droits – à la fois individuels et universels. C'est une tâche prioritaire, dans la mesure où pendant deux siècles, la capacité de créer un au-delà de l'individu dans l'individu lui-même a été rejetée, a été l'objet de persécutions, au nom d'un pouvoir matériel et politique qui s'arme plus facilement et plus vite que la conscience de chacun d'entre nous de porter en soi un sujet.

Il n'y a pas de partage complet du Bien et du Mal entre les deux camps. Ce mot puissant et solitaire : le sujet, permet une communication égale entre les individus et les collectivités qui acceptent de reconnaître directement, ou à travers des différences techniques, sociales et culturelles, l'unicité du sujet, qui n'est pas rompue par la diversité des identités et de leurs rapports avec des pouvoirs et des croyances. Mais les échecs et les reculs sont visibles des deux côtés.

Nous savons bien que l'idée de l'unité concrète des hommes et des sociétés peut justifier les conquêtes – et même les destructions de masse. Heureusement, il sera bientôt impossible de défendre des idées arbitraires, comme la supériorité de l'Ouest sur l'Est, du Nord sur le Sud, ou encore d'une langue sur une autre ou d'une religion sur d'autres. Les mouvements œcuméniques, qui ont connu avec le pape Jean-Paul II un renouveau important, ne sauraient avoir pour but de ramener la diversité des Églises à l'unité d'une foi ou d'une Église, mais seulement de permettre à chaque communauté religieuse de disposer d'un certain espace pour mieux combiner sa singularité avec le caractère universaliste de principes communs à toutes les fois religieuses, à toutes les conceptions laïques du progrès et à toutes les formes de tolérance.

Il n'y a pas d'autre voie vers la tolérance et vers la paix que de reconnaître à la fois l'*unicité* des principes qui définissent le sujet humain et l'extrême *variété* des chemins par lesquels chaque collectivité se transforme. Les chemins de la modernisation sont de plus en plus éloignés les uns des autres, mais ils convergent vers les mêmes affirmations fondamentales et vers la volonté de combiner l'unicité de la modernité avec la pluralité des voies de modernisation sans toujours y parvenir.

Ce rappel à des constatations simples laisse dans notre expérience collective un grand vide. Nous ne pouvons pas nous enfermer dans un individualisme monacal ou esthétique. Que faisons-nous des espaces de relations sociales dont nous avons besoin pour assurer les communications entre nous ? Nous avons besoin d'être protégés contre toutes les formes de dictature ou d'hégémonie. Le rôle des institutions n'est plus d'imposer des règles mais d'aider à la construction du sujet humain, à partir de la diversité des individus et des groupes sociaux. Les institutions sociales doivent permettre et organiser la communication entre des acteurs personnels ou collectifs différents les uns des autres, en donnant une image de l'humanité qui ne se confonde avec aucune société concrète. L'espace du social n'est plus l'espace des sociétés, mais l'espace des relations entre individus et collectivités, dans la mesure où tous cherchent à combiner l'*universalisme*, qui nous permet de vivre ensemble, avec le respect des *différences* qui, s'il est refusé, ouvre la voie aux conquêtes du plus fort.

Nous vivons depuis un demi-siècle le déclin des passions politiques, c'est-à-dire de notre engagement en tant que sujets dans les conflits et les enjeux politiques : classe contre classe, nation contre domination coloniale ou lutte des femmes contre pouvoir masculin. Les luttes centrales qui s'imposèrent vite, avec le déclin de la société industrielle, comme les plus importantes furent celles où la première place n'était plus occupée par les problèmes sociaux mais par les faits et les débats culturels. La crise actuelle, dans ce contexte, est plus qu'une crise ; elle accélère la mutation d'un type de société à un autre. Mais si l'entrée dans la nouvelle société est possible, les derniers acteurs sociaux de la société industrielle ne comprennent pas les nouveaux mouvements sociaux et culturels. D'où cette image qui nous impressionne tant : nous traversons une crise profonde, nous redoutons même une catastrophe, mais la nouvelle scène politique est vide. Les conservateurs sont réduits au silence, mais rien ne semble non plus pouvoir arrêter le déclin des social-démocraties, avec lequel s'achève la disparition des cultures politiques de l'époque industrielle. Il est urgent que la gauche sociale-démocrate se transforme en gauche « post-sociale » et que la droite empêche la spéculation destructrice par l'intervention de l'État.

Pourquoi ce silence de la gauche et, plus encore, celui des intellectuels et de tous ceux qui participaient autrefois au débat politique ? Ce qui l'explique est que, puisque nul débat proprement politique ne peut être séparé des conflits sociaux ou culturels, la gauche sociale-démocrate, en se révélant incapable de représenter les nouveaux sujets des mouvements de libération, se prive de sa propre capacité d'action politique.

C'est par la mise en place historique de la rupture entre le système et le sujet qu'on s'approchera le mieux d'une conclusion, puisqu'une grande partie des notions utilisées ici est de nature historique. Ce qui a conféré à la société industrielle une place centrale dans l'analyse sociologique, c'est qu'elle a été le moment de la plus forte intégration entre catégories économiques et catégories sociales. La classe, catégorie sociale, n'était pas séparable de la lutte des classes, déterminée par un rapport économique d'exploitation. Mais l'erreur serait de croire que cette situation est normale et que les autres ne sont que les manifestations d'une crise.

Avant la période industrielle, la société s'analysait en termes *politiques*, je l'ai dit, et c'est également le pouvoir politique qui a favorisé l'expansion de l'économie capitaliste. C'est en termes politiques aussi que se sont formés les mouvements révolutionnaires qui ont renversé des rois au nom de la nation, de la république ou du peuple. Cette construction de la réalité sociale a longtemps perduré dans les pays qui avaient pris du retard dans leur industrialisation, comme la Russie où Lénine élimina le syndicalisme de masse menchevik au profit du parti bolchevik et assura par un coup d'État l'installation au pouvoir du régime soviétique.

À l'intérieur même des sociétés industrielles, certains pays, comme la France, s'en tinrent au rôle central accordé à l'action politique, et c'est Jules Guesde qui l'emporta sur Jean Jaurès en 1905 lorsqu'il s'agit d'élire le dirigeant du nouveau Parti socialiste. De manière plus spectaculaire, ce sont les léninistes qui l'emportèrent au congrès de Tours en 1920 sur les socialistes, moins étatistes.

Aujourd'hui, de même, beaucoup de pays, prenant le risque d'accentuer ainsi leur retard, prétendent maintenir au cœur de la vie sociale les rapports de classes issus de la société industrielle, de même qu'ils ne veulent voir que la dimension politique des conflits sociaux. C'est le cas dans nombre de pays restés à l'écart au moment des révolutions industrielles.

Ce qu'ils n'ont pas perçu, c'est la tendance à la séparation des catégories économiques et des catégories sociales, telle que je l'ai présentée dans ce livre et dans plusieurs écrits antérieurs. Cette séparation n'équivaut pas à un retour aux sociétés préindustrielles et à leur volontarisme, du côté de l'État comme du côté des entrepreneurs. Au contraire, le système économique dominé par la globalisation, appuyé sur de nouvelles techniques de communication, est de plus en plus dirigé par le capitalisme financier, qui se sépare de tous les aspects sociaux et politiques de la vie économique pour ne viser que le profit maximum. De l'autre côté, les acteurs qui avaient été politiques avant de devenir économiques et sociaux sont désormais obligés de ne plus compter que sur eux-mêmes et sur leurs *droits* pour légitimer leurs revendications, puisque le monde social est rapidement détruit par la globalisation de l'économie.

La crise actuelle témoigne de la disparition des acteurs de la société industrielle. Les financiers se séparent des entreprises de production, même des plus grandes d'entre elles. Les syndicats d'orientation communiste ont été étouffés par la mainmise de l'Union soviétique sur eux. Quant aux autres syndicats, ils sont surtout affaiblis par la fragmentation qui a affecté la population active.

Si la crise n'est pas la cause principale de ces transformations, c'est parce que c'est une tendance à long terme qui a rompu avec les liens d'un capitalisme financier et aussi industriel avec les entrepreneurs ou les salariés, avec leur culture commune et les interventions de l'État. La crise marque bien une rupture, et qui ne se limite pas à la séparation accrue du monde financier et de celui de la production, dans la mesure où elle fait éclater la logique industrielle, c'est-à-dire l'interdépendance – ou même la fusion – des catégories économiques et des catégories sociales.

La crise, au lieu d'arrêter les transformations à long terme de la société, les a accélérées, a rompu d'un coup les liens entre l'économie et la société qui se déchiraient de plus en plus vite depuis le triomphe du néolibéralisme dans la première moitié des années 1970. Par conséquent, nous ne pouvons surmonter cette crise que si nous comprenons que seul l'appel aux droits universels du sujet humain peut arrêter la destruction de toute la vie sociale par l'économie globalisée.

Fin juin 2010, l'hypothèse d'une chute de l'euro s'est renforcée, mais la manière de lui échapper reste la même.

Cette tâche immense ne peut être accomplie par une révolution, car toutes les révolutions écrasent les revendications sociales au profit d'une logique implacable, inscrite dans les choses, dans le fonctionnement du capitalisme ou dans le pouvoir des armes.

Elle peut encore moins l'être par les réformes que proposent les social-démocraties qui s'épuisent déjà, une génération seulement après la chute finale de l'Union soviétique et du communisme.

Elle ne pourra être menée à bien que par des militants et des figures exemplaires organisés, non plus verticalement, comme les partis et les syndicats, mais horizontalement, par une opinion publique et par des acteurs informés surtout par les médias et par Internet et décidés à ne pas laisser se construire un nouveau pouvoir encore plus autoritaire que l'ancien.

Ces individus et ces groupes sont conduits par leur volonté de n'être guidés que par leur propre appel à la défense des droits de tous et de tout, y compris de l'environnement menacé par les formes actuelles de production. Seule une morale de la conviction, renforcée par la passion de la vie et de la liberté, peut détruire dans son élan toutes les barrières qui s'opposent à la création d'une nouvelle société.

Reculer devant une telle tâche et se contenter de remettre de l'ordre dans la vie économique ne peut mener qu'à des échecs et à de nouvelles crises.

Résumé

Pour être encore plus clair, je veux formuler brièvement quelques conclusions principales :

– Ma *première conclusion* est qu'il ne s'agit plus ici d'une lutte de classes ou d'un combat entre catégories sociales. La crise est le résultat de la *rupture* imposée par les financiers entre leurs intérêts et ceux de l'ensemble de la population. La société industrielle capitaliste qui comportait des moyens de résistance des salariés, autant que des protections des financiers et des chefs d'entreprises, a été détruite par les actions irresponsables de certains financiers. Notre premier but doit être de reconstruire une société dans laquelle *les maîtres de l'économie seront obligés par l'État à tenir compte des réactions et des intérêts de la population.*

Certains pensent qu'il faut reprendre le chemin des réformes, redonner vie à la social-démocratie. Ce n'est plus mon opinion : les demi-mesures sont aujourd'hui inefficaces, puisqu'il faut avant tout rendre impossibles les conduites qui ont déclenché la crise. Et déjà maintenant les financiers, ayant retrouvé leurs forces, tentent de reconstruire un système financier parallèle beaucoup moins contrôlé que l'activité des Bourses de valeurs. Je ne choisis pas de prendre une position radicale ; je l'accepte, parce qu'il n'y en a pas d'autre et que pas plus aujourd'hui qu'hier nous ne voyons la possibilité de résoudre les problèmes par la voie de négociations. Nos institutions sont aussi incapables de résoudre les problèmes économiques que les problèmes écologiques.

– Une *deuxième conclusion*, plus simple à accepter, est l'impossibilité de revenir au passé, puisque la crise a été déclenchée par des conduites qui ont tourné le dos à une gestion rationnelle. Les sociétés industrielles ont été blessées à mort ; *on ne peut pas leur redonner vie*.

– Ma *troisième conclusion* est que notre *seul choix* est : ou bien nous abandonner aux crises jusqu'à une catastrophe finale, ou bien reconstruire un *nouveau type* de vie économique et sociale. Nous n'avons pas à choisir entre le présent et le passé, mais entre une série de crises et un projet de construction de nouveaux rapports sociaux et de nouvelles institutions.

– C'est pourquoi ma *quatrième conclusion* est la plus importante. Face à un univers économique de plus en plus globalisé, la seule force de défense possible doit être placée *au-dessus* de la réalité économique et sociale, à un niveau au moins égal à celui où s'est formé le système économique global, qu'aucune force sociale ou politique ne peut atteindre. Il s'agit de *l'appel aux droits universels de tous les êtres humains* : droit à l'existence, droit à la liberté et à la reconnaissance par les autres de cette liberté, en même temps qu'à des appartenances sociales et culturelles qui sont menacées par le monde inhumain du profit. Ce que nous entendons sur toutes les routes et dans toutes les rues de toutes les villes c'est : « Je veux être *respecté* » ; « Je ne veux plus être *humilié* ». Thème moral contre thème économique : la vie sociale, en effet, affaiblie ou mise en miettes par le capitalisme financier, est en contradiction avec les intérêts de l'ensemble de la population. Nous avons besoin avant tout de redonner vie à un humanisme respectueux des demandes de tous les êtres humains. Il n'y a pas d'affrontement direct entre deux forces sociales, comme cela avait été le cas autrefois, surtout au début des sociétés industrielles. Mais on continue à voir l'univers économique traiter les êtres humains comme des marchandises ou des machines.

Ce face à face des deux principes placés au-dessus de la vie sociale peut conduire à une « guerre des dieux », pour reprendre l'expression de Max Weber. La vie de tous serait alors dominée par la violence et par toutes les formes de décomposition des acteurs.

– Ma *cinquième conclusion* est donc qu'il faut transformer le plus vite possible l'idée générale de respect des droits humains en de nouvelles formes, vivantes et pas seulement juridiques, des rapports sociaux. On doit aussi renouveler les mouvements féminins et la défense d'un développement durable.

Toutes ces conclusions correspondent à différents éléments de l'analyse, mais elles forment un ensemble qui permet de définir clairement les conséquences des crises et donc les moyens de les éviter.

Puisqu'une crise économique est avant tout la rupture d'un système économique et social, c'est-à-dire de rapports sociaux orientés vers certaines finalités et maintenus en fonctionnement par des interventions publiques, la réponse la plus efficace à une crise est *la reconstruction des rapports entre les acteurs économiques, la formulation de leurs valeurs communes, et de nouvelles interventions publiques*.

Ce qui rend cette reconstruction possible est que les acteurs, dans leur grande majorité, ne sont pas dirigés seulement par la recherche de leurs intérêts. Cela n'enlève rien de leur importance aux politiques anticycliques et aux contrôles exercés sur les activités financières. Mais il est grand temps de reconnaître qu'une crise est beaucoup plus qu'une panne, et que c'est l'état général de la vie sociale qui contribue soit à l'aggravation de la crise, soit au redressement de la vie sociale et économique. Il faut surtout proclamer que la démocratie, qui transforme les travailleurs en citoyens responsables, est la condition première du redressement économique et social, au moins dans les pays qui ont déjà choisi la liberté politique contre le totalitarisme.

Nous avons conquis des libertés, il faut les défendre. Mais il faut aussi créer un mouvement qui, partant des demandes et des revendications du plus grand nombre, redonne vie au monde politique en même temps qu'il le contrôle.

Indications bibliographiques

AGLIETTA, Michel et BERREBI, Laurent, *Désordres dans le capitalisme mondial*, Paris, Odile Jacob, 2007.

–, *La crise. Pourquoi en est-on arrivé là ? Comment en sortir ?*, Paris, Michalon, 2008.

– et RIGOT, Sandra, *Crise et rénovation de la finance*, Paris, Odile Jacob, 2009.

ALBERT, Michel, 1991, *Capitalisme contre capitalisme*, Paris, Seuil, coll. « Points », 1998.

ALINSKY, Saul, *Reveille for Radicals*, Chicago, University of Chicago Press, 1946 ; 2e éd., New York, Vintage Books, 1969.

ARENDT, Hannah, 1951, *Les Origines du totalitarisme*, Paris, Le Seuil, 2006 (en part. 2e partie, « Impérialisme », chap. IX).

–, 1963, *Essai sur la révolution*, Paris, Gallimard, 1967 (en part. chap. IV).

–, 1961, *La Crise de la culture*, Paris, Gallimard, coll. « Folio », 1989.

–, *L'Impérialisme*, Paris, Fayard, 1982.

ARTUS, Patrick, « Le pire est devant nous », numéro spécial de *Acteurs de l'Économie, Rhône-Alpes*, novembre 2009, p. 40-47.

ARTUS, Patrick et PASTRÉ, Olivier, *Sorties de crise : ce qu'on ne nous dit pas, ce qui nous attend*, Paris, Perrin, 2009 (en part. 2e et 4e parties).

ATTALI, Jacques, 2008, *La Crise, et après ?*, Paris, Fayard, nouvelle édition, 2009.

BAUDRILLARD, Jean, *Le Pacte de lucidité ou l'intelligence du Mal*, Paris, Galilée, 2004.
BAUMAN, Zygmunt, *Le Coût humain de la mondialisation*, Paris, Hachette, 1999.
–, *In Search of Politics*, Stanford, CA, Stanford University Press, 1999.
–, 2002, *La Société assiégée*, Rodez, Le Rouergue-Chambon, 2005 (en part. 1re partie, p. 41-167).
–, *Vies perdues : la modernité et ses exclus*, Paris, Payot, 2006.
BAVEREZ, Nicolas, *Après le déluge. La grande crise de la mondialisation*, Paris, Perrin, 2009.
BECK, Ulrich, *Pouvoir et Contre-Pouvoir à l'heure de la mondialisation*, Paris, Flammarion, coll. « Champs », 2003 (en part. chap. VI, VII, VIII).
BELL, Daniel, *Vers la société post-industrielle : essai de prospective sociologique*, Paris, Robert Laffont, 1973.
BERLIN, Isaiah, MATHIEU, Vittorio, SEN, Amartya, VATTIMO, Gianni, VECA Salvatore, *La dimensione etica nelle società contemporanee*, Turin, Fondation Giovanni Agnelli, 1990.
BIRNBAUM, Norman, *The Crisis of Industrial Society*, New York, Oxford University Press, 1969.
BOURDIEU, Pierre, *Combattre la technocratie sur son terrain, discours aux cheminots grévistes*, Paris, Gare de Lyon, 12 décembre 1995.
BOYER, Robert, *La Théorie de la régulation*, Paris, La Découverte, 1986. Avec de nombreux entretiens, en particulier avec les économistes de l'école de la régulation : M. Aglietta, R. Boyer, A. Lipietz et B. Billaudot.
BRESSER-PEIREIRA, Luiz Carlos, « The Global Financial Crisis and a new Capitalism ? », *Journal of Post Keynesian Economics*, été 2010, vol. 32, n° 4, p. 501-537.
CALDWELL, Erskine, 1932, *La Route au tabac*, Paris, Gallimard, coll. « Folio », 1973.
–, 1933, *Le Petit Arpent du bon Dieu*, Paris, Gallimard, coll. « Folio », 1973.

CARON, François, *Les Deux Révolutions industrielles du XXe siècle*, Paris, Albin Michel, coll. « L'évolution de l'humanité », 1997 (en part. 3e partie, p. 333-467).

CASTEL, Robert, *Les Métamorphoses de la question sociale. Une chronique du salariat*, Paris, Fayard, 1995.

CASTELLS, Manuel, *Communication Power*, Oxford, Oxford University Press, 2009 (en part. chap. I et V).

CEPII, *L'Économie mondiale 2010*, Paris, La Découverte, 2009.

CHAR, René, 1946, *Feuillets d'Hypnos*, in *Fureur et Mystère*, Paris, Gallimard, 1983.

COHEN, Daniel, *La Prospérité du vice. Une introduction (inquiète) à l'économie*, Paris, Albin Michel, 2009 (en part. 3e partie, p. 173-274).

COHEN, Élie, *Le Nouvel Âge du capitalisme : bulles, krachs et rebonds*, Paris, Fayard, 2005 (sur les scandales Vivendi, Enron, Parmalat).

–, *Penser la crise*, Paris, Fayard, 2010 (en part. chap. VI).

COUSIN, Olivier, *Les Cadres à l'épreuve du travail*, Rennes, Presses universitaires de Rennes, 2008 (en part. chap. VII et VIII).

DAMASIO, Antonio, *The Feeling of What Happens : Body, Emotion and the Making of Consciousness*, Londres, Heinemann, 1999.

DEJOURS, Christophe et BÈGUE, Florence, *Suicide et Travail : que faire ?*, Paris, Presses universitaires de France, 2009.

DIODATO, Emilio, « Dall'equilibrio di potenza all'equilibrio geopolitico ? », *Rivista italiana di scienza politica*, Il Mulino, no 3, 2009, p. 441-464.

DUBET, François, *Le Déclin de l'institution*, Paris, Seuil, 2002 (en part. 2e partie, p. 305-402).

–, *L'École des chances : qu'est-ce qu'une école juste ?*, Paris, Seuil, 2004 (en part. p. 53 et 89).

Esprit, *Dans la tourmente (1)*, novembre 2008.

–, *Les Mauvais Calculs et les Déraisons de l'homme économique*, juin 2009 (en part. Dominique Méda, « Quel progrès faut-il mesurer ? », p. 86-118).

–, *Les Contrecoups de la crise*, novembre 2009 (en part. 1re partie « Après la bulle un nouveau cycle », p. 13-55).

FITOUSSI, Jean-Paul et LAURENT, Éloi, *La Nouvelle Écologie politique*, Paris, Seuil, coll. « La République des idées », 2008.

FOURASTIÉ, Jean, *Le Grand Espoir du XXe siècle. Progrès technique, progrès économique, progrès social*, Paris, Presses universitaires de France, 1949 ; reéd. Paris, Gallimard, coll. « Tel », 1989.

FRIEDMANN, Georges, *Où va le travail humain ?*, Paris, Gallimard, 1950, nouvelle édition, 1963.

FUKUYAMA, Francis, *La Fin de l'Histoire et le Dernier Homme*, Paris, Flammarion, coll. « Champs », 1992.

GALBRAITH, James K., 1967, *Le Nouvel État industriel*, Paris, Gallimard, coll. « Tel », 1989.

–, *The Great Crash*, 1929, Boston, Houghton Mifflin, 1954.

GARCÍA, Norberto E., *La crisis de la macroeconomía*, Marcial Pons, 2010.

GORE, Al, *Sauver la planète Terre : l'écologie et l'esprit humain*, Paris, Albin Michel, 1993.

HABERMAS, Jürgen, *Une époque de transition : écrits politiques 1998-2003*, Paris, Fayard, 2005 (en part. 2e partie « Transitions européennes », p. 121-163).

INSTITUTE FOR SECURITY STUDIES. EUROPEAN UNION, *Managing a Post-Crises World*, Annual conference reports as working groups, 22-23 octobre 2009.

JORION, Paul, *La Crise. Des subprimes au séisme financier planétaire*, Paris, Fayard, 2008.

–, *L'Implosion. La finance contre l'économie : ce qu'annonce et révèle la « crise des subprimes »*, Paris, Fayard, 2008.

KEYNES, John Meynard, 1936, *Théorie générale de l'emploi, de l'intérêt et de la monnaie*, Paris, Payot, 1963.

KOUCHNER, Bernard, BETTATI, Mario, *Le Devoir d'ingérence*, Paris, Denoël, 1987.

KRUGMAN, Paul, *Pourquoi les crises reviennent toujours ?*, Paris, Seuil, 2009.

–, *The Return of Depression Economics and the Crisis of 2008*, New York, Norton, 2009.

LAACHER, Smaïn, *Mythologie du sans-papiers*, Paris, Le Cavalier Bleu, coll. « Mytho », 2009 (en part. p. 47-76).

LAZARSFELD, Paul, (avec Frank Stanton), *Radio and the Printed Page. An Introduction to the Study of Radio and its Role in the Communication of Ideas*, New York, Duell, Sloan and Pearce, 1re edition, 1940.

LÉVI-STRAUSS, Claude et CHARBONNIER, Georges, *Entretiens avec Claude Lévi-Strauss*, Paris, Plon-Julliard, 1961.

LYOTARD, Jean-François, *La Condition postmoderne*, Paris, Minuit, 1979.

MALDONADO, Tomás, *Il futuro della modernità*, Milan, Feltrinelli, 1987.

MARX, Karl et ENGELS, Friedrich, *L'Idéologie allemande (conception matérialiste et critique du monde)*, 1845, in *Œuvres*, Paris, Gallimard, coll. « Bibliothèque de la Pléiade », 1982 (en part. « Feuerbach », p. 1049-1085).

MÉDA, Dominique, *Au-delà du PIB. Pour une autre mesure de la richesse*, Paris, Flammarion, coll. « Champs actuel », 2008.

MORIN, Edgar, 1977, *La Nature de la nature*, in *La Méthode*, t. I, Introduction générale, Paris, Seuil, coll. « Points », 1981, p. 27-48.

MOSCOVICI, Serge, *Essai sur l'histoire humaine de la nature*, Paris, Flammarion, 1968 (en part. p. 5-46).

NEW SCHOOL FOR SOCIAL RESEARCH, *Looking for Solutions to the Crises*, Conférence internationale, novembre 2008.

OBAMA, Barack, *L'audace d'espérer : une nouvelle conception de la politique américaine*, Paris, Presses de la Cité, 2007.

Revue de OFCE, *La Crise du capitalisme financier*, nº 110, 2009.

ORLÉAN, André, *De l'euphorie à la panique : penser la crise financière*, Paris, Rue d'Ulm, 2009.

PACQUEMENT, Alfred et ENCREVÉ, Pierre (sous la dir.), *Soulages*, Paris, Éditions du Centre Pompidou, 2010.

PASTRÉ, Olivier et SYLVESTRE, Jean-Marc, *Le Roman vrai de la crise financière*, Paris, Perrin, nouvelle édition, 2008.

PAUGAM, Serge, *La Disqualification sociale*, Paris, Presses universitaires de France, 1994.

PÉGUY, Charles, 1910, *Notre jeunesse* (précédé par *De la raison*), Paris, Gallimard, coll. « Folio », 1993.

PIZZORNO, Alessandro, *Il velo della diversità*, Milan, Feltrinelli, 2007 (en part. chap. V, « Natura della disuguaglianza, potere politico, potere privati, nella società in via de globalizzazione », p 309-340).

POLANYI, Karl, 1944, *La Grande Transformation. Aux origines politiques et économiques de notre temps*, Paris, Gallimard, 1983. (À relire toujours.)

REICH, Robert, 1991, *L'Économie mondialisée*, Paris, Dunod, 1993.

RENAUT, Alain, *L'Ère de l'individu. Contribution à une histoire de la subjectivité*, Paris, Gallimard, coll. « Bibliothèque des idées », 1989.

RITZER, George (sous la dir.), *The Blackwell Companion to Globalization*, Malden (MA), Blackwell Publishing, 2007.

SAMUELSON, Paul Anthony, 1947, *Les Fondements de l'analyse économique*, Paris, Dunod et Gauthier-Villars, 1971.

SASSEN, Saskia, *The Global City : New York, London, Tokyo*, Princeton (NJ), Princeton University Press, 1991.

SCHUMPETER, Joseph, 1942, *Capitalisme, socialisme et démocratie*, Paris, Payot, coll. « Bibliothèque historique », 1998.

SEN, Amartya, *Commodities and Capabilities*, New York, Oxford India Paperbacks, 1987.

–, *Éthique et Économie*, Paris, Presses universitaires de France, 2009.

–, *L'Idée de justice*, Paris, Flammarion, 2010.

SENNETT, Richard, *The Fall of Public Man*, New York, Vintage Books, 1978.

SIMONE, Raffaele, « Pourquoi l'Occident ne va pas à gauche ? », *Le Débat*, Gallimard, n° 156, septembre-octobre 2009.

SMITH, Adam, 1759, *La Théorie des sentiments moraux*, Paris, Presses universitaires de France, 2003.

–, 1776, *Recherche sur la nature et les causes de la richesse des nations*, Paris, Economica, 2000.

SOROS, George, 1995, *Le Défi de l'argent*, Paris, Plon, 1996 (en part. 6,7, 8 et 11).

STIGLITZ, Joseph, *La Grande Désillusion*, Paris, Fayard, 2002.

–, *Quand le capitalisme perd la tête*, Paris, Fayard, 2003.

–, *Un autre monde : contre le fanatisme du marché*, Paris, Fayard, 2006.

–, et SEN, Amartya, FITOUSSI, Jean-Paul, *Rapport de la Commission sur la mesure des performances économiques et du progrès social*, Paris, La Documentation française, 2009.

–, *Freefall : America, Free Markets, and the Sinking of the World Economy*, New York, Norton, 2010 ; tr. fr. *Le Triomphe de la cupidité*, trad. P. Chemla, Brignon, Les Liens qui Libèrent, 2010.

TARRIUS, Alain, *La Mondialisation par le bas. Les nouveaux nomades, l'économie souterraine*, Paris, Balland, coll. « Voix et Regards », 2002 (en part. chap. II et IV).

TAYLOR, Frederick W., 1911, *The Principles of Scientific Management*, Dover Publications Inc., 2003.

TOCQUEVILLE, Alexis de, 1866, *L'Ancien Régime et la Révolution* (avec *De la démocratie en Amérique*), Paris, Robert Laffont, coll. « Bouquins », 1986, livre III, chapitre IV.

TOURAINE, Alain, *Critique de la modernité*, Paris, Fayard, 1992.

–, *Comment sortir du libéralisme ?*, Paris, Fayard, 1999.

–, *Un nouveau paradigme*, Paris, Fayard, 2005.

–, *Penser autrement*, Paris, Fayard, 2007.

WALLERSTEIN, Immanuel, *L'Universalisme européen : de la colonisation au droit d'ingérence*, Paris, Demopolis, 2008.

WEBER, Max, 2e éd. augm. 1920, *L'Éthique protestante et l'esprit du capitalisme*, Paris, Flammarion, 2009 (en part. 2e partie).

WIEVIORKA, Michel, (avec Philippe Bataille, Karine Clément, Olivier Cousin, Farhad Khosrokhavar, Séverine Labat, Éric

Macé, Paola Rebughini, Nikola Tietze), *Violence en France*, Paris, Seuil, 1999.
–, *La Violence*, Paris, Balland, 2004 (en part. 3e partie, p. 216-318).
–, « La Sociologie et la Crise. Quelle crise, et quelle sociologie ? », *Cahiers internationaux de sociologie*, 2002, n° 127 (en part. p. 181-198).
WILLIAMSON, John, *What Should the World Bank Think about the Washington Consensus ?*, Peterson Institute, 1999.

Remerciements

Ce livre, qui a connu plusieurs versions successives, a imposé un lourd travail, qu'ont mené à bien, remarquablement, Christelle Ceci, Émilie Ronflard et Aurélien Bergerat, assistants de recherche. Qu'ils soient remerciés les premiers. Yvon Le Bot a bien voulu le relire et a corrigé bien des erreurs.

J'avais promis à Olivier Bétourné, qui a encouragé mon travail depuis de nombreuses années, que ce texte le suivrait dans la maison d'édition où son histoire personnelle le porterait. Je suis heureux que son retour aux Éditions du Seuil comme président me permette de retrouver, moi aussi, l'éditeur de la première moitié de ma vie professionnelle.

J'ai toujours trouvé dans le CADIS que j'avais créé en 1981, et en premier lieu chez Michel Wieviorka, qui m'a succédé à sa direction de 1993 à 2009, un appui intellectuel dont j'ai toujours mesuré la grande importance. Je souhaite que le nouveau directeur du CADIS, Philippe Bataille, poursuive l'œuvre que nous avons menée pendant déjà vingt-huit ans.

J'ai une gratitude particulière pour les amis d'autres pays qui ont choisi d'établir avec le CADIS et avec moi des liens étroits de travail et d'amitié : Manuel Castells (Espagne), Manuel Antonio Garretón (Chili), Bernard Francq et Geoffrey Pleyers (Belgique), Danièle Joly (Grande-Bretagne), Kevin McDonald (Australie et Grande-Bretagne), Julio Labastida Del Campo, Maria Eugenia Sánchez, Ilan Bizberg et Sergio Zermeño (Mexique), Denis Sulmont

(Pérou), Fernando Calderón (Argentine et Bolivie), Antimo Farro et Alberto Melucci † (Italie), Mi Ran et Soo Bok Sheong (Corée du Sud), Laura Faxas (République dominicaine), Louis Maheu (Québec), Tom Dwyer (Nouvelle-Zélande et Brésil), le président Fernando Henrique et Ruth † Cardoso, José Arthur Gianotti (Brésil), Torcuato di Tella, Liliana De Ris, José Nun (Argentine), Francisco Zapata, Maria Luisa Tarres (Chili et Mexique). Enfin, je ne dirai jamais assez ma reconnaissance à Jacqueline Blayac et Jacqueline Longerinas avec qui j'ai si longtemps travaillé.

Table

DEUXIÈME PARTIE

La société possible

Du même auteur

AUX ÉDITIONS DU SEUIL

Le Pays contre l'État
(avec François Dubet,
Zsuzsa Hegedus, Michel Wieviorka)
1981

La Prophétie antinucléaire
(avec François Dubet,
Zsuzsa Hegedus, Michel Wieviorka)
1980

Lutte étudiante
(avec François Dubet,
Zsuzsa Hegedus, Michel Wieviorka)
1978

La Voix et le Regard
1978
et édition revue « Le Livre de poche », 1993

La Société invisible
1974

Lettres à une étudiante
1974
et « Points Politique », 1976

Pour la sociologie
1974

Vie et mort du Chili populaire
1973

La Production de la société
1973
et édition revue « Le Livre de poche », 1993

Université et société aux États-Unis
1972

Le Mouvement de mai ou le communisme utopique
1968
et « Le Livre de poche », 1998

La Conscience ouvrière
1966

Sociologie de l'action
1965

Ouvriers d'origine agricole
(avec O. Ragazzi)
1961
et Éditions d'Aujourd'hui, 1975

CHEZ D'AUTRES ÉDITEURS

Carnets de campagne
R. Laffont, 2012

Si la gauche veut des idées
(avec Ségolène Royal)
Grasset, 2008

Penser autrement
Fayard, 2007

Le Monde des femmes
Fayard, 2006

Un nouveau paradigme
Fayard, 2005

Un débat sur la laïcité
(avec Alain Renaut)
Stock, 2004

La Recherche de soi
Dialogue sur le sujet
(avec Farhad Khosrokhavar)
Fayard, 2000

Comment sortir du libéralisme ?
Fayard, 1999

Sociologia
Milano, Jaca Book, 1998

Pourrons-nous vivre ensemble ?
Égaux et différents
Fayard, 1997

Eguaglianza e diversità
(textes inédits en français)
Roma-Bari, Laterza, 1997

Le Grand Refus
Réflexions sur la grève de décembre 1995
(avec François Dubet, Fahrad Khosrokhavar,
Didier Lapeyronnie, Michel Wieviorka)
Fayard, 1996

Lettre à Lionel, Michel, Jacques,
Martine, Bernard, Dominique… et vous
Fayard, 1995

Qu'est-ce que la démocratie ?
Fayard, 1994

Critique de la modernité
Fayard, 1992

La Parole et le Sang
Odile Jacob, 1988

Actores sociales y sistemas
politicos en America latina
Santiago, PREALC, 1987

Le Retour de l'acteur
Fayard, 1984 ; rééd., 1989

Le Mouvement ouvrier
(avec Michel Wieviorka et François Dubet)
Fayard, 1984

Solidarité
(avec François Dubet, Jan Strzelecki, Michel Wieviorka)
Fayard, 1982

L'Après-Socialisme
Grasset, 1980

Mort d'une gauche
Galilée, 1979

Un désir d'histoire
Stock, 1977

Les Sociétés dépendantes
Duculot, 1976

La Société postindustrielle
Denoël, 1969

L'Évolution du travail ouvrier aux usines Renault
CNRS, 1955

DIRECTION D'OUVRAGES

Mouvements sociaux d'aujourd'hui
Acteurs et analyses
Éditions ouvrières, 1982

Les Travailleurs et les Changements techniques
OCDE, 1965

La Civilisation industrielle
in Histoire générale du travail, tome IV
(avec Bernard Cazes, Jacques Dofny, Paul Mercier, Bernard Mottez, Jean-René Treanton)
NLF, 1961

Ouvriers et syndicats d'Amérique latine
Numéro spécial de Sociologie du travail, *1961*

NORMANDIE ROTO IMPRESSION S.A.S À LONRAI
DÉPÔT LÉGAL : MARS 2013. N° 110614 (130629)
IMPRIMÉ EN FRANCE